Lüder de Riese

Logistikplanung mit Computersimulation

Vergleich der Simulationssysteme GPSS/PC und Simplex III

Bibliografische Information der Deutschen Nationalbibliothek:

Bibliografische Information der Deutschen Nationalbibliothek: Die Deutsche Bibliothek verzeichnet diese Publikation in der Deutschen Nationalbibliografie; detaillierte bibliografische Daten sind im Internet über http://dnb.d-nb.de/ abrufbar.

Copyright © 1999 Diplomica Verlag GmbH
Druck und Bindung: Books on Demand GmbH, Norderstedt Germany
ISBN: 9783838616650

http://www.diplom.de/e-book/217542/logistikplanung-mit-computersimulation

Lüder de Riese

Logistikplanung mit Computersimulation

Vergleich der Simulationssysteme GPSS/PC und Simplex III

Diplom.de

Lüder de Riese

Logistikplanung mit Computersimulation
Vergleich der Simulationssysteme GPSS/PC und Simplex III

Diplomarbeit
an der Otto-Friedrich-Universität Bamberg
Mai 1999 Abgabe

Diplomarbeiten Agentur
Dipl. Kfm. Dipl. Hdl. Björn Bedey
Dipl. Wi.-Ing. Martin Haschke
und Guido Meyer GbR

Hermannstal 119 k
22119 Hamburg

agentur@diplom.de
www.diplom.de

ID 1665

ID 1665
de Riese, Lüder: Logistikplanung mit Computersimulation: Vergleich der
Simulationssysteme GPSS/PC und Simplex III / Lüder de Riese · Hamburg:
Diplomarbeiten Agentur, 1999
Zugl.: Bamberg, Universität, Diplom, 1999

Diplomarbeiten Agentur

Wissensquellen gewinnbringend nutzen

Qualität, Praxisrelevanz und Aktualität zeichnen unsere Studien aus. Wir bieten Ihnen im Auftrag unserer Autorinnen und Autoren Wirtschafts-studien und wissenschaftliche Abschlussarbeiten – Dissertationen, Diplomarbeiten, Magisterarbeiten, Staatsexamensarbeiten und Studien-arbeiten zum Kauf. Sie wurden an deutschen Universitäten, Fachhoch-schulen, Akademien oder vergleichbaren Institutionen der Europäischen Union geschrieben. Der Notendurchschnitt liegt bei 1,5.

Wettbewerbsvorteile verschaffen – Vergleichen Sie den Preis unserer Studien mit den Honoraren externer Berater. Um dieses Wissen selbst zusammenzutragen, müssten Sie viel Zeit und Geld aufbringen.

http://www.diplom.de bietet Ihnen unser vollständiges Lieferprogramm mit mehreren tausend Studien im Internet. Neben dem Online-Katalog und der Online-Suchmaschine für Ihre Recherche steht Ihnen auch eine Online-Bestellfunktion zur Verfügung. Inhaltliche Zusammenfassungen und Inhaltsverzeichnisse zu jeder Studie sind im Internet einsehbar.

Individueller Service – Gerne senden wir Ihnen auch unseren Papier-katalog zu. Bitte fordern Sie Ihr individuelles Exemplar bei uns an. Für Fragen, Anregungen und individuelle Anfragen stehen wir Ihnen gerne zur Verfügung. Wir freuen uns auf eine gute Zusammenarbeit

Ihr Team der *Diplomarbeiten* Agentur

Dipl. Kfm. Dipl. Hdl. Björn Bedey –
Dipl. Wi.-Ing. Martin Haschke ——
und Guido Meyer GbR ————

Hermannstal 119 k ————
22119 Hamburg ————

Fon: 040 / 655 99 20 ————
Fax: 040 / 655 99 222 ————

agentur@diplom.de ————
www.diplom.de ————

Inhaltsverzeichnis

Abkürzungsverzeichnis

CPU   Central Processing Unit, die Recheneinheit eines Computers.

DOS   Disk Operating System, eine Gruppe von für einen Computer notwendigen
         Betriebssystemen. Hersteller sind z.b. Microsoft oder IBM.

E-Mail   Electronic Mail, über das Internet elektronisch zu versendende Briefe.

EMS   Expanded Memory Specification, Methode zur Nutzung von Speicher
         oberhalb des ursprünglichen Maximums auf DOS-Systemen von 640 Kilobyte.

FIFO   First-In-First-Out.

GPSS   General Purpose Simulation Software.

MDL   Model Description Language, die Modellbeschreibungssprache von
         SIMPLEX III.

MS   Microsoft, Hersteller von Computer-Betriebssystemen und Standardsoftware.

Abbildungsverzeichnis

Listingverzeichnis

Tabellenverzeichnis

1 Logistikplanung mit Simulationssystemen

1.1 Probleme in der Logistikplanung

Der Begriff **Logistik** hat einen **militärischen Ursprung**. Dort bezeichnet er alles, was mit der Material-, Munitions- und Unterkunftsversorgung zusammenhängt. Im zivilen Bereich wurde der Begriff später als Beschreibung für die Warenbewegung und -verteilung übernommen. Heute hat sich das Aufgabengebiet der Logistik stark erweitert. Man versteht darunter die „...marktorientierte, integrierte **Planung**, Gestaltung, Abwicklung und Kontrolle des gesamten Material- und dazugehörigen Informationsflusses zwischen einem Unternehmen und seinen Lieferanten, innerhalb eines Unternehmens sowie zwischen einem Unternehmen und seinen Kunden."[1]

Wie aus dieser Definition ersichtlich wird, beinhaltet die Logistik heute neben der ursprünglichen, operativen Bedeutung auch eine **strategische Ausprägung**. In diesen strategischen Bereich gehört vor allem die in der Definition genannte Aufgabe der **Logistikplanung**. Dabei gibt es verschiedene Klassen von Planungsproblemen. Allen gemeinsam ist, daß die Entscheidungen meist weitreichende Konsequenzen nach sich ziehen. Damit wird die Frage bedeutsam, ob die Wirkungen einer bestimmten Maßnahme tatsächlich den Vorstellungen des Entscheiders entsprechen. Bei der Komplexität heutiger Systeme sind die Wirkungsketten jedoch meist zu komplex, um intuitiv verständlich zu sein. Angesichts der Folgen von Entscheidungen - der fatalen Folgen von Fehlentscheidungen - ist es überlebenswichtig für das Unternehmen, Fehlentscheidungen zu vermeiden.

Um angesichts dieser Situation richtige Entscheidungen treffen zu können, wird das entsprechende System oft in einem **Modell** abgebildet. Anhand von **Experimenten** mit einem solchen Modell lassen sich die Wirkungen von Veränderungen zuverlässiger prognostizieren. Eine derartige Planung am Modell[2] erfolgt heute in der Regel computergestützt und wird Simulation genannt. Eine weithin anerkannte Definition der Simulation bietet der Verein Deutscher Ingenieure in seiner Richtlinie 3633: „Simulation ist die Nachbildung eines

---

[1] Schulte (Logistik, 1995), S. 1 (Hervorh. d. Verf.).

[2] Modelle können auf verschiedene Arten klassifiziert werden. Diese Klassifikation ist jedoch für die vorliegende Arbeit nicht relevant. Unterschiedliche Klassifikationsschemata für Simulationsmodelle finden sich beispielsweise in Hoover u. Perry (Simulation, 1989), S. 6ff.

dynamischen Prozesses in einem Modell, um zu Erkenntnissen zu gelangen, die auf die Wirklichkeit übertragbar sind."[3]

Typische logistische Probleme reichen von der Standortwahl, über die Tourenplanung für Beschaffung bzw. Vertrieb, über Lagerbedarfsprognosen, bis zu Reihenfolgeproblemen in der Serienfertigung. Für viele dieser Aufgaben gibt es spezialisierte Computerprogramme. Andere Probleme sind jedoch so beschaffen, daß es keine Standardsoftware zu ihrer Lösung gibt. Hier können dann oft Simulationsprogramme helfen, da das zu planende System in einem solchen Simulator ganz individuell beschrieben werden kann. Warum probiert man aber die Wirkung einer geplanten Änderung nicht einfach am echten System aus, **warum testet man zuerst?**

Dafür gibt es verschiedene Gründe. Es ist denkbar, daß das **System**, z. B. die Fertigungsstraße für eine Produktion, **noch nicht realisiert** ist. Mögliche **Alternativen** in der Anordnung und Spezifikation der Arbeitsplätze sollen vor der Realisierung auf ihre Effizienz hin **untersucht** werden. Aber **auch wenn das System schon existiert**, ist es oft nicht möglich, Änderungen in der Realität zu testen. Wenn es beispielsweise um die Frage geht, ob ein zusätzlicher Arbeiter an der einen oder eine zusätzliche Maschine an der anderen Stelle besser geeignet ist, einen **Engpaß zu beheben**, dann verbietet sich das Ausprobieren. In einem solchen Fall kann die Simulation die Frage beantworten, welche Alternative die bessere ist.

Eine Simulation kann aber bereits dann sinnvoll sein, wenn die in Frage kommenden Alternativen nicht teuer oder schwierig zu realisieren sind. Sie läuft in der Regel **sehr viel schneller** ab, als das entsprechende System in der Realität.[4] Daher ist die Bewertung der Alternativen am Computer besonders schnell zu erreichen. Man kann somit Varianten leicht, schnell und ohne wesentliche Nachteile durchspielen.

Die sich im Laufe der Jahre ändernden Zielsetzungen für die Simulation sind unter anderem daran abzulesen, daß man immer stärker bemüht ist, ein mit großem Aufwand erstelltes

---

[3] Verein Deutscher Ingenieure (Simulationstechnik, 1983), S. 2.

[4] Eine Ausnahme bilden sogenannte real-time Simulationen in Originalgeschwindigkeit, beispielsweise in einem Flugsimulator.

Modell für **mehr als** nur den **einmaligen Planungseinsatz** zu nutzen. „Der Trend geht heute sogar soweit, Simulationsmodelle immer häufiger auch im täglichen Betrieb zu nutzen. In Kopplung mit der Produktionsplanung und/ oder der Auftragsvorbereitung durch meist EDV-gestützte Übernahme von verschiedenen Lastszenarien oder einfachen Parameteränderungen, bietet die Simulation oftmals eine gute Unterstützung des Tagesgeschäfts bzw. der mittel- und kurzfristigen Planung."[5]

Das Vorgehen bei der Simulation besteht aus **vier** wesentlichen **Schritten. Zunächst** gibt es ein System (real oder in der Planung), über das etwas in Erfahrung gebracht werden soll. Dieses **System muß in ein Modell überführt** werden. Dabei ist es wichtig, sämtliche **relevanten** inneren Wirkmechanismen im Modell abzubilden. Das System wird in der Regel Umwelteinflüssen unterliegen. Diese müssen auf ihre Relevanz überprüft und gegebenenfalls in das Modell aufgenommen werden. Bei der Modellbildung ist es von elementarer Wichtigkeit, weder relevante Zusammenhänge zu ignorieren noch das Modell mit unwesentlichen Kleinigkeiten zu überfrachten. Ein gutes Modell zeichnet sich dadurch aus, daß es - trotz einer Vereinfachung gegenüber dem realen System - das Verhalten dieses Systems korrekt wiedergibt. Die Korrektheit des Modells muß am Ende des ersten Schrittes sichergestellt sein. Die Überprüfung des Modellverhaltens - durch Vergleich mit dem realen System oder Plausibilitätskontrollen - wird Validierung genannt.

Schritt zwei der Simulation besteht in der **Durchführung von Experimenten** mit Hilfe des Modells. Hierbei wird die Wirkung der Änderung **einzelner Parameter** auf den Ausgang des Experiments beobachtet. Um zu nutzbaren Ergebnissen zu kommen, muß also immer mehr als ein Simulationslauf durchgeführt werden.

Der dritte Schritt der Simulation besteht in der **Auswertung der Ergebnisse** der verschiedenen Simulationsläufe. Oft ist es dabei nicht ausreichend, aufgezeichnete Werte von Variablen des Modells direkt zu vergleichen. In diesen Fällen werden statistische Verfahren, wie Korrelationsanalysen, Konfidenzintervalle oder Häufigkeitsverteilungen, zur Beurteilung der Ergebnisse herangezogen.

---

[5] Wloka u. Spiekermann (Warenumschlag, 1998), S. 11.

Der letzte Simulationsschritt besteht darin, aus der vorgenommenen Auswertung **Folge-**
rungen für das reale System oder dessen Planung zu ziehen. Der gesamte Ablauf einer
Simulation ist in Abbildung 1 visualisiert.

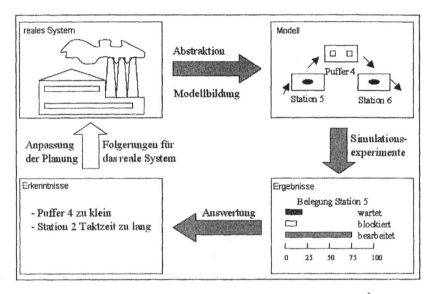

Abbildung 1: Anwendungsschritte beim Einsatz von Simulation[6]

Im ersten Teil des Kapitels wurde das Umfeld dargestellt, in dem Logistikplanung stattfin-
det. Außerdem wurden Gründe genannt, warum eine Simulation sinnvoll sein kann. Für das
Verständnis der weiteren Arbeit ist es nun nötig, einige **grundlegende Begriffe** zu **klären**.
Die für das vorliegende Thema relevanten Definitionen werden im folgenden festgeschrie-
ben. Die ersten Definitionen stammen von den Autoren Noche und Wenzel, und wurden im
„Marktspiegel" veröffentlicht. Die letzten vier Definitionen sind eigene Erklärungen des
Verfassers.

---

[6] Entnommen aus Koether (Technische Logistik, 1993), S. 178.

„Simulator: Synonyme: Simulationsinstrument, Simulationssoftware, Simulationssystem. Diese Begriffe bezeichnen ein Simulationsprogramm inklusive aller Dienstprogramme, die zum Softwarepaket gehören.

...

System: Ein System (z.B. eine Anlage, eine Fabrik oder ein sonstiges technisches oder wirtschaftliches Gebilde) besteht aus einer Menge von Komponenten, die durch Wechselwirkungen oder Abhängigkeiten im Zusammenhang stehen.

Modell: Ein Modell bezeichnet die Abbildung eines Systems und setzt sich aus statischen und/oder dynamischen Objekten zusammen.

Objekt: Objekte repräsentieren einzelne Komponenten oder auch ganze Klassen von Komponenten des abgebildeten Systems.

Ereignis: Ereignisse lösen zu bestimmten Zeitpunkten Zustandsänderungen von Objekten aus; sie sind atomar und verbrauchen selbst keine Simulationszeit.

Prozeß: Ein Prozeß ist eine zeitlich geordnete und inhaltlich zusammengehörige Folge von Ereignissen.

Aktivität: Eine Aktivität beschreibt eine zeitverbrauchende Operation, die durch Ereignisse begrenzt wird und den Zustand eines Objektes verändert.

Validierung: Die Validierung kennzeichnet einen abgrenzbaren Schritt im Verlauf einer Simulation, der mit dem Nachweis der Gültigkeit eines Modells mittels eines Experimentes beendet wird.

Optimierung: Die Optimierung bezeichnet einen Vorgang des iterativen Simulierens, in dessen Verlauf unter Veränderung der kontrollierbaren Parameter eines Modells für eine vorgegebene Zielfunktion ein Extremwert gesucht wird.

Animation: Die Animation wird als Visualisierung der dynamischen Prozeßabläufe verstanden, welche die während der Simulation auftretenden Vorgänge und Veränderungen grafisch veranschaulicht."[7]

Attribut: Bei Attributen einer Simulation handelt es sich um Variablen, deren Werte vom Simulator im Laufe eines Simulationslaufs (auch mehrere Male) verändert werden können. Auch die im GPSS/PC-Sprachgebrauch Parameter

---

[7] Noche u. Wenzel (Marktspiegel, 1991), S. 6f.

genannten transaktionsgebundenen Variablen sind im Sinne der dieser Arbeit zugrundeliegenden Definitionen Attribute.

Parameter: 1. Jedes Modell besitzt eine Zahl von Werten, z. B. für die Anzahl von Objekten aus einer Objektklasse oder für den Zeitbedarf einer Aktivität. Diese Werte sind Bestandteil einer Modelldefinition und ändern sich in der Regel nicht im Simulationsverlauf. Sie bilden die Parameter des Modells.

    2. In GPSS/PC können Transaktionen Eigenschaften in Form von Variablen zugewiesen werden. Diese transaktionsgebundenen Variablen werden in GPSS/PC Parameter genannt.

Lauf: Synonym: Simulationslauf. Die Berechnung von Simulationsergebnissen anhand einer konkreten Belegung der Modellparameter stellt einen Lauf dar.

Experiment: Ein Experiment ist die Durchführung in der Regel mehrerer Simulationsläufe an einem gegebenen Modell. Beispielsweise wird der Parameter „Bearbeitungszeit" für eine Arbeitsstation verändert, um die Auswirkungen auf die Warteschlangenlänge vor der Station zu überprüfen.

1.2 Ziel dieser Arbeit und Darstellung des Vorgehens

Die vorliegende Arbeit hat das Ziel, zwei Simulationsinstrumente im Hinblick auf ihre Eignung zur Simulation **logistischer Systeme** zu **vergleichen**. Das eine, **GPSS/PC**, geht zurück auf die General Purpose Simulation Software, welche ab 1962 von IBM entwickelt wurde. GPSS hat sich weit verbreitet und wurde daher als Beispiel für einen etablierten Simulator ausgewählt. Für die Beschränkung auf die PC-Version dieses Simulationssystems gibt es **zwei Gründe**. Zum einen würde die **Einbeziehung einer Vielzahl von Varianten** verschiedener Hersteller von GPSS den **Vergleich erschweren**, da sämtliche Abweichungen in der Funktionsweise der Varianten aufgenommen werden müßten. Klare Aussagen wären damit in einigen Bereichen nicht möglich. Zum zweiten gründet sich die Wahl einer PC-Variante darauf, daß ein Computer mit dem Betriebssystem **DOS bzw. MS-Windows**[8] **heute in praktisch jedem Unternehmen zu finden** ist. Das gilt für kein

---

[8] MS ist ein eingetragenes Warenzeichen, Windows ist ein Warenzeichen der Microsoft Corporation.

anderes Betriebssystem. Damit blieben nur noch GPSS/H und GPSS/PC übrig. Ausgewählt wurde GPSS/PC.

Der andere Simulator heißt **SIMPLEX III. Simplex** wurde ab 1983 entwickelt, und zwar zuerst an der Universität Erlangen/Nürnberg, inzwischen an der Universität Passau. Die Beschreibung eines zu simulierenden Systems erfolgt in SIMPLEX III objektorientiert. Von vielen heute erhältlichen Simulatoren wird behauptet, sie seien objektorientiert. Die meisten dieser Systeme basieren jedoch auf älteren Simulationssprachen, denen die Objektorientierung nur aufgesetzt wurde. SIMPLEX wurde als eines von wenigen Simulationssystemen **von Grund auf objektorientiert konzipiert**.

Eine Definition der **Objektorientierung** ist schwierig. In der Literatur finden sich häufig deskriptive Ansätze. Die Definition eines Objektes erscheint hingegen einfacher. Ein Objekt ist in diesem Kontext: „An *abstraction* of something in a problem domain, reflecting the capabilities of a system to keep information about it, interact with it, or both; an *encapsulation* of Attribute values and their exclusive Services."[9] Im Gegensatz zur prozeduralen Modellbeschreibung (z.B. mit GPSS/PC) wird bei der objektorientierten Modellierung ein Modell aus Objekten gemäß der oben angegebenen Definition aufgebaut, die einen Teil des zu simulierenden Systems darstellen. Die Objektorientierung wird in der Literatur vielfach anhand einiger **Grundprinzipien** festgemacht. Jedoch herrscht keine Einigkeit darüber, welche dieser Prinzipien zur Begründung der Objektorientierung notwendig und ausreichend sind. Eine Bewertung der unterschiedlichen Vorstellungen zu diesem Thema mit dem Ziel, die Objektorientierung von SIMPLEX III zu hinterfragen, würde im Rahmen dieser Untersuchung zu weit gehen. Es soll an dieser Stelle genügen, die oft genannten Grundprinzipien **Kapselung, Klassenkonzept, Vererbung und Polymorphismus** den weiteren Betrachtungen zugrunde zu legen.[10] Somit kann festgestellt werden, daß SIMPLEX III einige Prinzipien der Objektorientierung (nämlich das Klassenkonzept

---

[9] Coad und Yourdon (Analysis, 1991), S. 53.

[10] Zur Diskussion über unterschiedliche Definitionen und Grundprinzipien der Objektorientierung siehe: Giesecke (Wettbewerbsfähigkeit, 1997), S. 3ff. Die geschichtliche Entwicklung objektorientierter Programier- (und Simulations-) sprachen wird beschrieben in: Giesecke (Wettbewerbsfähigkeit, 1997), S. 60ff.

und den Polymorphismus) auf die zugrundeliegende Beschreibungssprache (Simplex-MDL[11]) anwendet.[12] SIMPLEX III wird daher im folgenden als ein Vertreter der aktuellen Generation objektorientierter Simulationssoftware bezeichnet.

Die zu überprüfende Brauchbarkeit der Simulationssysteme hängt von einer Vielzahl an Kriterien ab. Daher wird zunächst in **Kapitel 2** ein Katalog von Vergleichskriterien erarbeitet. Dieser **Kriterienkatalog** ist speziell auf die Bedürfnisse von Simulationen im logistischen Bereich abgestimmt. **Kapitel 3** widmet sich dann der Beantwortung der **theoretisch zu klärenden Fragenkomplexe** aus dem entwickelten Merkmalskatalog. In **Kapitel 4** werden theoretische Beispiele für typische logistische Fragestellungen dazu genutzt, die **Eignung der beiden Simulatoren** für unterschiedliche zu simulierende Systeme zu **überprüfen**. Anhand dieser Beispielsimulationen werden Handhabung, Konstrukte und Auswertungsmöglichkeiten der jeweiligen Simulationssoftware gegenübergestellt. **Kapitel 5** bietet schließlich eine **zusammenfassende Bewertung** der beiden Simulationssysteme, welche speziell auf logistische Bedürfnisse zugeschnitten ist.

Untersuchungen von Simulatoren im Hinblick auf die Einsetzbarkeit für die Logistik gibt es bereits. Dies zeigt der „Marktspiegel Simulationstechnik in Produktion und Logistik"[13], aus dem unter anderem einige Definitionen übernommen wurden. Der Marktspiegel vergleicht jedoch sämtliche auf dem deutschen Markt erhältlichen Simulationssysteme. Im Gegensatz dazu beschränkt sich die vorliegende Arbeit auf **zwei Simulatoren unterschiedlichen Typs**. Diese Vorgehensweise bietet die Möglichkeit, wesentlich tiefer auf die Systeme einzugehen. Die vorliegende Arbeit geht daher über die Aneinanderreihung von Merkmalsausprägungen hinaus. Anhand logistisch relevanter Beispiele werden die Eigenarten, Vorzüge und Nachteile der beiden Simulatoren verdeutlicht.

---

[11] Eine Einführung in die SIMPLEX III zugrunde liegende Model Description Language findet sich in: Schmidt (Simplex II, 1995). Der Untersuchungsgegenstand dieser Arbeit ist SIMPLEX III. Dennoch eignet sich das genannte Buch zu Simplex II, da die Beschreibungssprache von der Vorgängerversion übernommen wurde.

[12] Eine Begründung dafür, daß Kapselung und Vererbung nicht in SIMPLEX III implementiert wurden, findet sich in: Schmidt (Modellspezifikation, 1996), S. 9.

[13] Noche u. Wenzel (Marktspiegel, 1991).

2 Erarbeitung eines Katalogs von Vergleichskriterien

2.1 Einteilung der Kriterien in Gruppen

Der in Kapitel 2 zu erarbeitende Kriterienkatalog muß das gesamte Spektrum logistisch relevanter Aspekte der zu untersuchenden Simulatoren enthalten. Zur besseren Übersichtlichkeit werden in diesem Kapitel die **Gruppen von Merkmalen** erarbeitet. Diese Merkmalsgruppen lassen sich unterteilen in allgemeine (wenn auch im Hinblick auf die Logistikplanung ausgewählte) und spezielle logistisch relevante Gruppen.

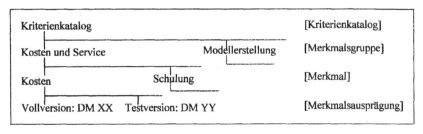

Abbildung 2: Beispiel zum Aufbau des Kriterienkatalogs

Die allgemeinen Fragenkomplexe werden in den Kapiteln 2.2.1 bis 2.2.4 in ihre Merkmale und deren Beschreibung zerlegt. In Kapitel 2.3.1 und 2.3.2 folgen dann anhand praxisrelevanter Beispiele die speziellen Merkmalsgruppen. Abbildung 2 zeigt beispielhaft den Aufbau des im folgenden zu erarbeitenden Kriterienkatalogs.

Die Grundidee für die Herangehensweise an einen Simulatorenvergleich mittels eines Kriterienkatalogs stammt aus dem „Marktspiegel Simulationstechnik in Produktion und Logistik"[14]. Das dort genutzte Vergleichsverfahren wurde jedoch wesentlich **erweitert**, um einen umfassenden Vergleich im Kontext dieser Arbeit zu ermöglichen. Der „Marktspiegel" vergleicht sämtliche in Deutschland erhältlichen Simulationssysteme. Die Kriterien beschränken sich auf tabellarisch aufgelistete Eigenschaften. Im Gegensatz dazu beschränkt

---

[14] Vgl. zum folgenden Noche u. Wenzel (Marktspiegel, 1991), S. 41ff.

sich die vorliegende Arbeit auf zwei Simulatoren, so daß näher auf einzelne Details eingegangen werden kann.

In den ersten vier Merkmalsgruppen werden Kriterien behandelt, die aufgrund von schriftlichem Material und der Einarbeitung in die Simulatoren beurteilt werden konnten. Zunächst geht es in der **Merkmalsgruppe „Kosten und Service"** (Kapitel 2.2.1 und Kapitel 3.1.1 / 3.2.1) um Fragen, die mit Kauf, Installation, Support[15] und Schulungen zu tun haben. Dabei wird zwischen dem Service, den der Hersteller bzw. Vertreiber bietet, und weitergehenden Angeboten externer Anbieter unterschieden. Kosten und Lieferumfang eines Simulationssystems sind einer der entscheidenden Punkte für die Einsetzbarkeit des jeweiligen Simulators.

Die nächsten drei Merkmale betrachten verschiedene Phasen der Arbeit mit Simulationssoftware. In der **Merkmalsgruppe „Modellerstellung"** (Kapitel 2.2.2 und Kapitel 3.1.2 / 3.2.2) geht es um die Beschreibung des zu simulierenden Systems in der jeweiligen Beschreibungssprache des Simulators. Die zwei Schritte „Modellerstellung" und „Durchführung von Experimenten" sind klar voneinander trennbar. Während im ersten Bereich das zu modellierende System in einer für den Simulator verständlichen Weise beschrieben wird, werden im zweiten Schritt unter Veränderung von Parametern des Modells Simulationsläufe durchgeführt. Die Gruppe „Modellerstellung" beinhaltet Merkmale, die mit der **Beschreibung von Modellen** zusammenhängen. Unterschieden werden beispielsweise textliche und grafische Modellerstellung sowie die Frage der Anbindung von Programmiersprachen oder Datenbanken.

Die **Merkmalsgruppe „Experimentierumgebung"** (Kapitel 2.2.3 und Kapitel 3.1.3/3.2.3) vergleicht Merkmale im Umfeld von Experimenten mit dem zuvor generierten Modell. Zunächst sollte der Simulator in der Lage sein, zwischen Modell und Experiment zu

---

[15] Unter Support wird die Hilfe bei Installation und / oder Einarbeitung in ein Computerprogramm verstanden. Diese Unterstützung erfolgt in der Regel vom Hersteller, kann aber auch von anderen Firmen angeboten werden.

unterscheiden. Ist diese Differenzierung möglich, so gibt es für die Durchführung von Experimenten bestimmte Bedürfnisse. Deren Erfüllung wird in dieser Merkmalsgruppe geprüft.

Sind die benötigten Experimente mit einem Modell durchgeführt worden, beginnt die Aufgabe der Auswertung der Simulationsergebnisse. Die **Merkmalsgruppe „Ausgabe und Ergebnisdarstellung"** (Kapitel 2.2.4 und Kapitel 3.1.4/3.2.4) betrachtet die Möglichkeiten, die der jeweilige Simulator zur Auswertung bietet. Simulationen werden durchgeführt, um Auskunft über das Verhalten eines Systems unter bestimmten Bedingungen zu erhalten. Das zu beobachtende Verhalten schlägt sich bei der Simulation in den generierten Werten bestimmter Attribute nieder. Die Aufzeichnung dieser Werte ist Bestandteil der Simulation. Für verwertbare Aussagen über das modellierte System müssen die aufgezeichneten Werte oft noch weiter verarbeitet werden. Die **Berechnung von** Mittelwerten und anderen **statistischen Kennzahlen** ist denkbar, und auch **grafische Darstellungen** sind wünschenswert. Diese Merkmalsgruppe untersucht auch eingebaute Methoden der Präsentation und Auswertung der Simulationsergebnisse.

Den zwei folgenden Merkmalsgruppen liegen für die Logistikplanung typische Problemkreise zugrunde. Unterschiedliche Probleme, welche bei logistischen Planungen auftauchen können, wurden schon in Kapitel 1.1 kurz angesprochen. Im folgenden werden zwei Problemklassen ausgewählt: Materialfluß- bzw. Bestellsysteme. Anhand dieser beiden Gruppen lassen sich sehr unterschiedliche Anforderungen an die Simulatoren testen. Die **Merkmalsgruppe „Simulation von Materialflußsystemen"** (Kapitel 2.3.1 und Kapitel 4.2) geht konkret auf Bedürfnisse für die **Modellierung von Materialbewegungen** in einem Unternehmen ein. Anhand eines zu modellierenden Beispiels soll hier geprüft werden, inwieweit die beiden Simulatoren geeignet sind, die physische Bewegung von Einheiten durch ein System zu modellieren.

Im Gegensatz zu den Materialflußsystemen steht die **Merkmalsgruppe „Simulation von Bestellsystemen"** (Kapitel 2.3.2 und Kapitel 4.3). In diesem Abschnitt wird anhand eines konkret zu modellierenden Beispiels für ein Bestellsystem die Eignung der Simulatoren für **rechnerisch komplexe Modelle** getestet. Im Vergleich zu den Materialflußsystemen aus

der vorherigen Merkmalsgruppe werden hier ganz andere Konstrukte in den Beschreibungs-
sprachen der Simulationsprogramme benötigt.

2.2 Die theorie-orientierten Merkmalsgruppen

2.2.1 Die Merkmalsgruppe „Kosten und Service"

In dieser Gruppe geht es um diejenigen Merkmale der Simulationssysteme, die mit deren
Kauf zusammenhängen. Verglichen werden der Umfang an Software, Literatur und weitere
Leistungen aus dem Kaufvertrag. Die einzelnen untersuchten Kriterien sind:

a) Kosten für erhältliche Versionen oder Lizenzen

b) Konditionen für technische Unterstützung, Wartungsverträge und Updates

c) Schulungsangebote

d) Hard- und Softwarevoraussetzungen

ad a) Möglicherweise gibt es von den hier zu vergleichenden Simulationssystemen mehr als
eine Version. So sind Schulungs- und Vollversionen sowie möglicherweise auch nach
Dokumentation und Service unterschiedlich umfangreiche Simulatoren denkbar. Für
jede dieser Kaufoptionen sollen an diesem Punkt des Vergleichs der **Umfang, die
Leistungsfähigkeit und die Kosten** genannt werden.

Unterschiede bei verschiedenen Rechnerplattformen sollen hier nicht verglichen werden. Vor allem von GPSS gibt es - bedingt durch die lange Entwicklungsgeschichte -
eine große Bandbreite an Implementierungen. Zum Teil sind diese mit Programmiersprachen wie FORTRAN „gekoppelt". Der hier vorliegende Vergleich wurde auf die
PC-Vollversion von GPSS beschränkt. Aus diesem Grund soll auch SIMPLEX III nur
in der PC-Vollversion untersucht werden. Nur durch diese Einschränkung des Unter-
suchungsgegenstandes ist die eindeutige Beantwortung der Fragen aus dem Katalog
möglich.

ad b) Nach dem Kauf eines neuen Softwarepakets gibt es häufig noch Schwierigkeiten bei
der Installation und Einarbeitung. Daher soll in diesem Punkt des Vergleichs das Maß
an Unterstützung verglichen werden, welches **mit der Software erworben** wird.

Denkbar sind nicht nur **Handbücher, Lernprogramme und Beispielmodelle,** sondern auch telefonische oder schriftliche Unterstützung von Experten. Letzteres wird üblicherweise mit dem Begriff „Support" beschrieben. Im Fall des telefonischen Support spricht man von einer Hotline. Auch vom Hersteller zusätzlich erwerbbare Angebote an Schulung, Wartung etc. fallen unter diesen Punkt. Angebote anderer, vom Hersteller unabhängiger Firmen, werden unter Merkmal c) verglichen.

ad c) Gerade bei komplexer Software reicht manchmal die Unterstützung durch den Hersteller nicht aus, oder ist gar nicht vorhanden. Sinnvoll sind dann möglicherweise **externe Schulungen.** Das vorhandene Maß an Schulungs- und Lernangeboten wird in diesem Punkt gegenübergestellt. Im Gegensatz zu b) geht es jedoch nur um das Angebot, welches von herstellerunabhängigen Fremdanbietern offeriert wird.

ad d) Jedes Programm hat bestimmte **Ansprüche an Rechengeschwindigkeit und Arbeitsspeicher** des Computers, auf dem es laufen soll. Möglicherweise werden auch noch **zusätzliche Programme** benötigt, wie zum Beispiel Tabellenkalkulations-Software, die nicht im Lieferumfang des Simulationssystems enthalten sind. All dies erhöht den nötigen Aufwand bei der Installation des Systems und soll hier verglichen werden.

2.2.2 Die Merkmalsgruppe „Modellerstellung"

In dieser Gruppe wird die Erstellung von Modellen in den Simulationssystemen betrachtet. Im einzelnen werden behandelt:

a) Methode der Modellerstellung

b) Modularer Modellaufbau

c) Schnittstellen

d) Gleichzeitigkeit

ad a) Bei diesem Kriterium wird dargestellt, auf welche Weise die Modelle definiert werden. Interessant ist dabei vor allem der Grad der Unterstützung durch **grafische Methoden.**

ad b) Bei größeren Projekten ist es sinnvoll, die Simulationsmodelle in **Module** aufzuteilen. Diese erhöhen die Verständlichkeit der Modelle. Zur Bewertung dieses Kriteriums wird untersucht, ob und in welcher Form die Unterteilung von Modellen in Module von den zu vergleichenden Systemen unterstützt wird.

ad c) Zur Definition von Eingabedaten sowie zur weiteren Bearbeitung von Ergebnissen der Simulationsläufe kann es sinnvoll sein, **Schnittstellen** zu anderen Programmen zur Verfügung zu haben. Als externe Programme sind Programmiersprachen, Datenbanken, Tabellenkalkulationen und Systeme zur statistischen Auswertung denkbar.

ad d) Unter diesem Punkt werden die Methoden der Behandlung von gleichzeitig auftretenden Ereignissen verglichen. Systeme beinhalten in der Regel parallel ablaufende Ereignisse. Ein Modell eines solchen Systems muß daher in der Lage sein, die Ergebnisse parallel ablaufender Prozesse korrekt wiederzugeben. Bei dieser Aufgabe gibt es die Schwierigkeit, daß heutige Computersysteme nur in der Lage sind, sequentiell zu arbeiten.[16] B. P. Zeigler beschreibt die Aufgabe eines Simulators und einer Simulationssprache in diesem Zusammenhang wie folgt: „Although most models are largely parallel, present-day computers are basically sequential processors. Thus one of the essential tasks of current simulation languages is to enable the computer, which acts sequentially, ponderously, one step at a time, to faithfully generate the behavior of a parallel acting model."[17]

---

[16] Es gibt heute Rechner, die mit mehr als einem Prozessor ausgestattet sind. Die vorliegende Untersuchung beschränkt sich jedoch auf Simulatoren für Personalcomputer. Diese Systeme sind nur mit einer CPU ausgestattet. Die Darstellung paralleler Vorgänge auf Multiprozessorsystemen wird daher hier nicht betrachtet.

[17] Zeigler (Modelling, 1985), S. 77.

Aufgrund der sequentiellen Abarbeitung von Programmen am Computer ist es sinnvoll, die folgende Forderung an einen Simulator zu stellen: „Können mehrere
Ereignisse gleichzeitig eintreffen, dann muß die **Reihenfolge der Berücksichtigung
dieser Ereignisse** im Simulationsprogramm für das Simulationsergebnis **ohne Bedeutung** sein."[18] Kriterium d) klärt, ob und in welcher Form das jeweilige
Simulationssystem einen **Mechanismus zur Erfüllung dieser Forderung** aufweist.

2.2.3 Die Merkmalsgruppe „Experimentierumgebung"

An dieser Stelle werden Merkmale verglichen, die mit der Durchführung von Experimenten
zusammenhängen. Dies sind:

a) Trennung von Modell und Experiment

b) Fortsetzung von Simulationsläufen

c) Datenhaltung zum Vergleich mehrerer Simulationsläufe

d) Geschwindigkeit des Simulationsablaufs

ad a) Um zu gehaltvollen Aussagen über ein Modell zu gelangen, müssen in der Regel mehrere Durchläufe unter variierenden Bedingungen berechnet werden. Die bloße
Änderung von Parametern ist daher **von der Änderung des Modells** zu **unterscheiden**. Dieser Abschnitt untersucht, inwieweit Modell und Experiment vom
jeweiligen Simulationssystem getrennt behandelt werden.

ad b) Manchmal ist es sinnvoll, ein Modell zuerst über eine kurze Simulationsdauer **zu
testen und** danach das Experiment am Ende des ersten Laufs **fortzusetzen**. Auch eine
Variation von Parametern während des Experiments **sollte möglich sein**, um beispielsweise die Wirkung von Eingriffen in Steuerungssysteme zu beobachten.

ad c) Werden zum Beispiel. mehrere Experimente mit einem Modell durchgeführt, so müssen in der Regel deren **Ergebnisse gegenübergestellt** werden. Es wird geprüft, ob

---

[18] Siegert (Simulation, 1991), S. 31 (Hervorh. D. Verfassers).

dies innerhalb des jeweiligen Simulationsprogramms möglich ist, oder ob die Daten exportiert (und in anderen Programmen bearbeitet und verglichen) werden müssen.

ad d) Praxisrelevante Simulationen stellen häufig komplexe Systeme dar. Aus diesem Grund kann eine Simulation längere Zeit in Anspruch nehmen. Die Länge dieses Zeitraums hängt vor allem davon ab, ob das Modell zur Durchführung eines Simulationslaufs **interpretiert** oder vor dem Lauf in ein selbstausführendes Programm übersetzt (**kompiliert**) wird. Kompilierte Programme sind in der Ausführungszeit deutlich schneller als zu interpretierende Modelle, müssen jedoch bei jeder Änderung erneut kompiliert werden.

2.2.4 Die Merkmalsgruppe „Ausgabe und Ergebnisdarstellung"

Grafische und statistische Verarbeitungen der aufgezeichneten Simulationsergebnisse sind der Gegenstand des Vergleichs mittels der folgenden Merkmale:

a) In den Simulator eingebaute Methoden der Ergebnispräsentation

b) Statistische Auswerteverfahren

c) Darstellung des simulierten Vorgangs mittels Animation

ad a) Dieses Vergleichskriterium betrachtet verschiedene Arten **grafischer Auswertungen**, wie Kurven, Torten- oder Balkengrafiken der im jeweiligen Experiment gewonnenen Simulationsergebnisse.

ad b) Zur Bewertung dieses Kriteriums wird untersucht, welche **statistischen Verfahren** in die Simulatoren integriert sind.

ad c) Die Beurteilung dieses Punktes klärt, ob auch die **Animation** von Simulationsläufen möglich ist. Die animierte Darstellung bezieht sich nicht auf die Aufbereitung von Ergebnissen eines Simulationslaufs. Trotz dieses Unterschieds zu den ersten beiden Merkmalen dieser Gruppe ermöglicht die Animation Erkenntnisse über das simulierte

System. Aus diesem Grund gehört auch dieses Merkmal zu den Ausgabemöglichkeiten des Simulators und wird daher in dieser Gruppe betrachtet.

2.3 Die praktisch zu beantwortenden Merkmalsgruppen

2.3.1 Die Merkmalsgruppe „Simulation von Materialflußsystemen"

Anhand eines Praxisbeispiels wird die Brauchbarkeit der Simulatoren für Materialflußsimulationen getestet. Dabei werden zwei Punkte unterschieden:

a) **Konstrukte**, die in dieser Problemklasse besonders häufig zur Anwendung kommen, und deren Abbildung in den Simulatoren.

b) Für die Bewertung von Materialflußsystemen charakteristische **Kennzahlen** und ihre Abbildungsmöglichkeiten in den Simulationssystemen

ad a) Materialflußsysteme bestehen aus beweglichen und unbeweglichen Objekten, wobei die unbeweglichen Objekte die Strecke darstellen, auf der sich die beweglichen Objekte fortbewegen. Desweiteren sind Arbeitsstationen, Lagerräume, Warteschlangen und andere Objekte als Teil eines Materialflußsystems denkbar. In welcher Form diese in einem Modell des jeweiligen Simulationsprogramms darstellbar sind, wird an diesem Punkt verglichen.

ad b) Warteschlangen besitzen eine bestimmte Länge, Wartezeit und ähnliche relevante Werte. Auch für die anderen Konstrukte aus a) werden aussagekräftige Kennzahlen für deren Verhalten im Verlauf des Simulationslaufs benötigt. Die zur Verfügung gestellten Auswertungen werden hier gegenübergestellt.

2.3.2 Die Merkmalsgruppe „Simulation von Bestellsystemen"

Zur Bewertung dieser Merkmalsgruppe dient wieder ein Simulationsbeispiel. Die Merkmale sind wiederum:

a) **Konstrukte**, die in dieser Problemklasse besonders häufig zur Anwendung kommen, und deren Abbildung in den Simulatoren.

b) Für die Bewertung von Bestellsystemen charakteristische **Kennzahlen** und ihre Abbildungsmöglichkeiten in den Simulationssystemen

ad a) Bei Bestellsystemen sind die mathematischen Möglichkeiten eines Simulators gefragt. Quadratische Gleichungen und kleiner/größer-Vergleiche von Variablen werden für die Modellierung von Problemen dieser Modellklasse benötigt. Auch komplexere Gleichungen bis hin zu Differentialrechnungen sollten modellierbar sein. Für die Abbildung von Zufallsprozessen werden Zufallszahlengeneratoren benötigt.

ad b) Benötigte Kennzahlen im Zusammenhang von Bestellsystemen könnten Unterdeckungsmengen, die Häufigkeit von Bestellungen und die mit diesen Ereignissen zusammenhängenden Kosten sein. Minima, Maxima, Mittelwerte und möglicherweise weitere Kennzahlen sollten berechenbar sein.[19]

---

[19] Die Erklärung statistischer Verfahren ist nicht Gegenstand dieser Untersuchung. Für die statistischen Grundlagen gibt es eine Vielzahl von Literatur, beispielsweise Bleymüller u.a. (Statistik, 1998).

3 Allgemeine Eigenschaften der Simulatoren

3.1 GPSS/PC

3.1.1 Die Merkmalsgruppe „Kosten und Service"

a) Kosten für erhältliche Versionen oder Lizenzen

Von GPSS/PC gibt es **drei verschiedene Versionen**. Die Studentenversion bietet den größten Teil der Fähigkeiten des vollwertigen Systems. Sie ist jedoch limitiert auf 100 Befehle und 20.000 Bytes Speicher für das bearbeitete Modell. Animation, FORTRAN-Schnittstelle, Eingabe von DOS-Kommandos und das Session Journal sind nicht implementiert. Außerdem ist die Studentenversion langsamer als die Vollversion. Sie ist heute nicht mehr separat erhältlich (Siehe Punkt c).

Die **Vollversion** bietet den gesamten Systemumfang einschließlich der in der Studentenversion nicht enthaltenen Befehle. Schließlich gibt es eine **EMS-Version**, die über den Expanded-Memory-Treiber des Betriebssystems mehr als die in der Vollversion möglichen 640 KB Speicher nutzen kann. Durch diese Fähigkeit ist die mögliche Modellgröße noch einmal wesentlich erhöht.

Die Vollversion ist laut Auskunft des Deutschland-Vertriebs[20] für akademische Einrichtungen für 2.000,- DM erhältlich. Der volle Preis für diese Version beträgt 4.000,- DM. Die EMS-Version hat einen Preis von 6.000,- DM. Jedem dieser Pakete liegt eine Studentenversion bei.

b) Konditionen für technische Unterstützung, Wartungsverträge und Updates

Unabhängig von der gekauften Version liegt dem Programmpaket ein **Handbuch** bei. In der Software sind einige **Beispielmodelle** enthalten. Abgesehen von den hier aufgezählten Materialien sind über den **Vertrieb keine weiteren Hilfen erhältlich**. Die Herstellerfirma MINUTEMAN wurde vor einigen Jahren aufgelöst.[21] Lediglich die oben

---

[20] Die Bezugsadresse für Deutschland lautet EDV-Anwendungen Hinz, Eisvogelstraße 8, 39110 Magdeburg.

[21] Diese Information stammt von Herrn Hinz, GPSS/PC-Vertrieb Deutschland.

aufgeführten Pakete werden über den oben genannten Deutschland-Vertrieb weiterhin verkauft.

c) Schulungsangebote

Für GPSS/PC gibt es auch von herstellerunabhängigen Anbietern **keine Schulungen**. Jedoch sind viele Bücher über GPSS geschrieben worden, von denen manche heute leider nicht mehr erhältlich sind. In Bibliotheken stehen jedoch noch einige dieser Bücher zur Verfügung.[22]

d) Hard- und Softwarevoraussetzungen

Als Hardware benötigt GPSS/PC mindestens einen **IBM-kompatiblen XT mit 320 Kilobytes Arbeitsspeicher und 1,2 Megabytes Festplatten- oder Diskettenspeicherplatz**.[23] GPSS/PC benötigt als Grundlage ein Betriebssystem vom Typ DOS. Dieses ist heute beispielsweise in sämtliche Windows-Programme der Firma Microsoft eingebaut. Da aber jeder Rechner - unabhängig von seinem Einsatzzweck - ein Betriebssystem benötigt, soll dieses nicht in den Vergleich der Kosten einbezogen werden.

Zur Nutzung der Simulation mit GPSS/PC werden keine zusätzlichen Programme benötigt.

3.1.2 Die Merkmalsgruppe „Modellerstellung"

a) Methode der Modellerstellung   ·

Für GPSS gibt es eine **grafische Notation** mit Hilfe von Blocksymbolen. Diese kann für die frühen Phasen einer Modellerstellung auf dem Papier genutzt werden. Sehr sinnvoll ist diese Notation auch für die Dokumentation eines Modells. GPSS/PC stellt jedoch

---

22 Ein Beispiel für ein heute nicht mehr verlegtes Buch über GPSS/PC ist Chisman (Introduction, 1992).

23 Zumindest auf einigen Rechnern mit Intel 80486-Prozessoren läuft GPSS/PC nicht. Pentium- und Pentium II- und III-Prozessoren sind wiederum geeignet. Für die Benutzung der Vollversionen benötigt GPSS/PC einen Hardwarezusatz, der „Dongle" genannt wird. Dieses Teil wird am parallelen Ausgang des Rechners befestigt. Beim Programmstart überprüft der Simulator das Vorhandensein dieses Geräts. Dieser Vorgang bereitet in der Praxis häufig dadurch Probleme, daß der Dongle nicht erkannt wird. In diesem Fall ist das Simulationssystem nicht ausführbar.

keinen Editor zur grafischen Modellerstellung zur Verfügung. Simulationsmodelle werden mit einem eingebauten Texteditor erstellt. Dieser erinnert stark an Zeileneditoren. Auf dem Bildschirm werden zwar mehrere Zeilen des Programms dargestellt, die Eingabe bzw. Änderung ist jedoch nur in einer einzigen, sogenannten Kommandozeile, möglich. Modellbeschreibungen werden mit Zeilennummern eingegeben. Mit Hilfe spezieller Befehle lassen sich dann Zeilen auf dem Bildschirm anzeigen, oder jeweils eine einzelne Zeile editieren. Das Aussehen dieses Editors zeigt Abbildung 3.

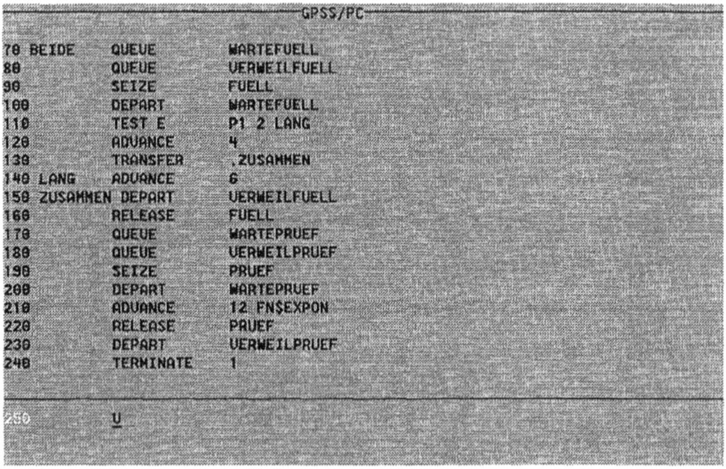

```
                              GPSS/PC
70 BEIDE    QUEUE       WARTEFUELL
80          QUEUE       VERWEILFUELL
90          SEIZE       FUELL
100         DEPART      WARTEFUELL
110         TEST E      P1 2 LANG
120         ADVANCE     4
130         TRANSFER    ,ZUSAMMEN
140 LANG    ADVANCE     6
150 ZUSAMMEN DEPART     VERWEILFUELL
160         RELEASE     FUELL
170         QUEUE       WARTEPRUEF
180         QUEUE       VERWEILPRUEF
190         SEIZE       PRUEF
200         DEPART      WARTEPRUEF
210         ADVANCE     12 FNSEXPON
220         RELEASE     PRUEF
230         DEPART      VERWEILPRUEF
240         TERMINATE   1

250         U
```

Abbildung 3: GPSS/PC-Editor zur Modellerstellung

Ein weiteres „Fenster" zeigt nach der textlichen Erstellung eines Modells die Blocksymbole. Allerdings werden diese spaltenweise in der Reihenfolge der Textbefehle angeordnet. Eine übersichtliche Darstellung der Verzweigungen eines Modells mittels Pfeilen und Linien ist nicht implementiert. Der Begriff „Fenster" ist nicht mit einem solchen in Microsoft Windows zu verwechseln. GPSS/PC-Fenster sind nicht in der Größe veränderbar und können daher nicht nebeneinander angeordnet werden.

b) Modularer Modellaufbau

Die GPSS-Modellbeschreibung ist transaktionsgesteuert und sequentiell. Eine GPSS-Sequenz oder Strang beginnt mit einem Befehl (in GPSS Block genannt), der Transaktionen generiert. Eine solche Transaktion durchläuft nach ihrer Entstehung die folgenden Blöcke des Modells. Für eine komplette Modellbeschreibung wird oft mehr als ein Strang benötigt. Beispielsweise kann ein Strang initialisierende Befehle und die zeitgesteuerte Beendigung der Simulation beinhalten, während in einem zweiten Strang die eigentlichen Abläufe des abgebildeten Systems durchgeführt werden. Eine **Modularisierung** ist in GPSS/PC ebenfalls **möglich**. Dabei sind zwei Methoden zu unterscheiden.

Zunächst läßt GPSS/PC es zu, unabhängig von der Anzahl der Stränge in einer Modellbeschreibung, diese **auf mehrere Dateien aufzuteilen**. Dabei ist lediglich darauf zu achten, daß jede Zeilennummer dateiübergreifend nur einmal vergeben wird. Die Blöcke werden während eines Simulationslaufs in der Reihenfolge ihrer Zeilennummern durchlaufen. Dabei ist es unerheblich, aus welcher Datei eine Zeile stammt. Eine Datei kann den Befehl zum Laden einer neuen Datei beinhalten, oder dies geschieht manuell vor Beginn der Simulation. Eine derartige Zerlegung eines Modells in GPSS/PC demonstriert das in Kapitel 4.2.1 beschriebene Beispiel zur Simulation eines Materialflusses. In Anhang 1 findet sich das Modell in einer einzelnen Datei. Anhang 2 zeigt die Zerlegung in zwei Dateien. Dabei wurde Zeile 10 leicht abgewandelt in beiden Dateien definiert. Beim Aufruf des Programms kommt es nun darauf an, in welcher Reihenfolge die Dateien geladen werden. Die zuletzt geladene Datei überschreibt die Zeile 10 aus der ersten.

Die zweite Modularisierungsmethode ist die **Zerlegung eines Stranges**, um beispielsweise separate Objekte darzustellen. Anhang 3 enthält die schon bekannte Simulation. Dieses Mal wurde das Modell jedoch in die Objekte „Quelle", „Füllstation" und „Prüfstation" aufgeteilt. Die Kommunikation der Objekte findet über globale Variablen statt. Diese Möglichkeit der Aufteilung von Strängen ist jedoch nicht mit einer Objektorientierung zu verwechseln. GPSS/PC beherrscht beispielsweise nicht das Klassenkonzept. Von einem „Objekt" können nicht mehrere Instanzen geschaffen werden. Auch Polymorphismus, Kapselung und Vererbung sind in GPSS/PC nicht realisierbar.[24]

Die Beispiele zeigen, daß die Aufteilung von Modellen möglich ist. Es liegt jedoch in der Verantwortung des Modellierers, sinnvolle Aufteilungen vorzunehmen, welche der Übersichtlichkeit dienen. Zu beachten ist in diesem Zusammenhang noch, daß die Dateien, aus denen Modelle zusammengesetzt werden, nicht vom Simulator verwaltet werden. Diese Aufgabe wird dem Modellierer überlassen, der dazu auf die Mittel des Rechnerbetriebssystems zurückgreifen muß.

c) Schnittstellen

Der Simulator GPSS/PC bietet eine Schnittstelle zu Ryan-McFarland- bzw. Microsoft-**FORTRAN**. Diese ist in Form eines einzelnen Befehls (HELP) gegeben. Mit diesem sind Ein- und Ausgaben von bzw. zu FORTRAN-Programmen möglich. Jedoch wird keiner der beiden alternativ einzusetzenden Compiler[25] noch produziert. Trotzdem ist es möglich, gebrauchte Versionen dieser Software zu beschaffen. Beispielsweise handelt die Firma EMS Professional Software[26] mit gebrauchten Computerprogrammen. Dort ist es möglich, einen der benötigten Compiler für ca. 400-500 US-$ zu erwerben.

Die Ergebnisse einer Simulation werden in Textdateien gespeichert. Daher ist die Verarbeitung der Ergebnisse mit jedem Programm möglich, das Textdateien als Eingabeformat akzeptiert.

Die Handhabung der in den Simulator eingebauten Möglichkeit zur Animation ist sehr schwierig. Es gibt jedoch ein **Zusatzprogramm** mit Namen GPSS/PC Animator, welches eine **Schnittstelle zu Autodesk AutoCAD**[27] bildet. Der Animator ist für ca.

---

[24] Zu den der Objektorientierung zugrundeliegenden Grundprinzipien sei wiederum verwiesen auf Giesecke (Wettbewerbsfähigkeit, 1997), S. 3ff.

[25] Unter einem Compiler versteht man ein Computerprogramm, das den Quellcode einer höheren Programmiersprache oder eines Simulators in ein ausführbares Computerprogramm übersetzt.

[26] Die Adresse lautet EMS Professional Software, 4505 Buckhurst Ct., Olney, MD 20832-1830.

[27] Die Namen Autodesk und AutoCAD sind eingetragene Warenzeichen der Firma Autodesk.

2.000,- DM für akademische Nutzung bzw. 3.000,- DM bei gewerblichem Einsatz er-
hältlich. Die Bezugsadresse ist identisch mit derjenigen für das GPSS/PC-
Simulationsprogramm. AutoCAD kostet 9.070,- DM.[28]
Allerdings steigert die Nutzung der externen Animationsmöglichkeiten erheblich die
Voraussetzungen an die Hardware. So ist alleine für die aktuelle AutoCAD-Version ein
Pentium-Prozessor[29], Windows NT, 32 Megabytes Arbeitsspeicher und 50 Megabytes
Festplattenspeicher notwendig.

d) Gleichzeitigkeit

Eine Gleichzeitigkeit gibt es in GPSS/PC nicht. Ereignisse werden in einer sogenannten
„Current Events Chain" mit ihrem Ausführungszeitpunkt abgelegt. Zu jedem Zeitpunkt
entscheidet die Reihenfolge der Ereignisse in dieser Kette über die Abfolge der Bearbeitung. Zunächst erfolgt die Einordnung nach ihrer Priorität. Die weitere Sortierung wird
wie folgt vorgenommen:

„Several transactions may have the same priority level, and to provide a total order, the
CEC (Current Events Chain, Anm. d. Verf.) is ordered by high priority, then by low time
of arrival on the CEC, and by low transaction number ..."[30]
Die so geordneten Ereignisse werden von GPSS/PC der Reihe nach abgearbeitet. **Auch
gleichzeitig auftretende Ereignisse haben daher eine Art Reihenfolge. Uner-
wünschte Ergebnisse** aufgrund dieser Serialisierung sind **nicht auszuschließen**.
Als Beispiel für Probleme mit der Reihenfolge von Ereignissen dient die Bestellsystemsimulation aus Kapitel 4.3.1. Die Listings der beiden GPSS/PC-Varianten in Anhang 6
und 7 zeigen jeweils in den Zeilen 9000 - 9030 eine behelfsmäßige Lösung. Der Block,
bis zu dem die Aktivitäten für den letzten Tag abgearbeitet würden, wäre ohne die ein-
gefügte Konstruktion ein Zufallsprodukt.

---

[28] Die Bezugsadresse für Autocad lautet Autodesk GmbH, Hansastraße 28, 80686 München.

[29] „Pentium" ist ein eingetragenes Warenzeichen der INTEL Corporation.

[30] Zeigler (Modelling, 1985), S. 172.

3.1.3 Die Merkmalsgruppe „Experimentierumgebung"

a) Trennung von Modell und Experiment

In GPSS/PC wird **nicht** zwischen einem Modell und dem damit durchzuführenden Experiment **unterschieden**. Änderungen von Parametern des Modells sind direkt in dessen Definition vorzunehmen. Ein Lauf für ein Experiment wird gestartet, indem eine Modellbeschreibung geladen und danach der START-Befehl gegeben wird. Allerdings sind zu jedem Zeitpunkt während eines Simulationslaufs die **Änderung von Parametern**, des Zustands von Blöcken und beliebige Änderungen am Modell **möglich**.

b) Fortsetzung von Simulationsläufen

Das Ende eines Laufs wird in GPSS/PC durch das Zusammenspiel des START-Zählers und des TERMINATE-Blocks geregelt. Zusammen mit dem Befehl zum Starten wird einem Simulationslauf eine Zahl übergeben. Von dieser zieht der Simulator jeweils eine festgelegte Zahl ab, wenn eine Transaktion einen TERMINATE-Block erreicht. Erreicht der START-Zähler den Wert 0, so wird die Simulation unterbrochen. Durch einen manuellen Eingriff ist die Unterbrechung auch bei anderen Ereignissen möglich.

Ist ein Simulationslauf unterbrochen, so sind sämtliche unter Punkt 3.1.3 a) genannten Manipulationen möglich.

Unabhängig von der Art der Unterbrechung und durchgeführten Modelländerungen ist die Fortsetzung eines Experiments entweder durch Eingabe des Befehls CONTINUE, oder nach Ablauf des START-Zählers mit einem weiteren START-Befehl.[31] möglich.

c) Datenhaltung zum Vergleich mehrerer Simulationsläufe

Auch die aufzuzeichnenden Attribute werden in der GPSS-Modelldefinition festgelegt. Soll eine Änderung an der Aufzeichnung eines Experiments durchgeführt werden, so muß diese im Modell erfolgen. Dies ist wie jede andere Manipulation am Modell auch während eines Experiments zu jedem Zeitpunkt möglich.

---

[31] Es gibt Fälle, in denen ein weiterer START-Befehl keine Fortsetzung bewirkt. Dies ist zum Beispiel der Fall, wenn für die Ende-Steuerung in einem Strang explizit nur eine Transaktion generiert wurde.

Die Archivierung von Simulationsergebnissen findet in Form von Textdateien außerhalb des Simulators statt. Eine Gegenüberstellung von Ergebnissen mehrerer Läufe ist also nur durch den Vergleich von Ausgabedateien möglich.

d) Geschwindigkeit des Simulationsablaufs

Das Simulationssystem GPSS/PC besitzt **keinen Compiler**. Dies bedeutet, daß die Blöcke der Modellbeschreibung einzeln interpretiert und ausgeführt werden. Daher ist GPSS/PC bei der Ausführung von Experimenten wesentlich **langsamer**, als es eine Compiler-basierte Simulation sein kann. Die Ausführungszeit des in Kapitel 4.2.1 beschriebenen Experiments hängt jedoch wesentlich von der verwendeten Version des Simulators ab. Auf einem Pentium II mit 333 MHz benötigt die Studentenversion zur Berechnung ca. 30 Minuten, die Vollversion jedoch lediglich 15 Sekunden.

3.1.4 Die Merkmalsgruppe „Ausgabe und Ergebnisdarstellung"

a) In den Simulator eingebaute Methoden der Ergebnispräsentation

Das Programmpaket GPSS/PC beinhaltet eine separate Software zur Aufbereitung von Ausgabedateien. Diese ist jedoch **nicht** in der Lage, **grafische Präsentationen** aus den Aufzeichnungen zu erstellen. Die angebotene Aufbereitung dient lediglich der besseren Lesbarkeit der Ergebnisse.

Die grafischen Ausgabemöglichkeiten sind limitiert auf die Möglichkeiten, die GPSS/PC bei laufender Simulation bietet. Dies sind zum einen die „Fenster" zur Darstellung der Attribute einiger Konstrukte. Der Gebrauch dieser Ausgabe wird am Ende von Kapitel 4.2.2 b) beschrieben. Zum anderen gibt es in GPSS/PC ein PLOT-Kommando. Dieses erlaubt die Darstellung des Verlaufs der Werte eines Attributs als Liniendiagramm.

b) Statistische Auswerteverfahren

In GPSS/PC ist die Berechnung von **Konfidenzintervallen und Varianzen** mit dem ANOVA-Kommando möglich. Als Eingabe benötigt dieser Befehl eine mit dem RESULT-Kommando anzulegende Ausgabedatei. RESULT kann jedoch nicht in einen

Simulationsstrang eingebaut werden. Lediglich am Ende eines Simulationslaufs ist dieser Befehl möglich. Das Anova-Kommando ermöglicht daher nicht die Berechnung von Konfidenzintervallen und Varianzen über Zeitreihen von Attributwerten, da GPSS/PC keine Möglichkeit bietet, diese Zeitreihen anzulegen. Für eine Sensitivitätsanalyse nach der Änderung einzelner Parameter eines Modells ist dieser Befehl geeignet.

c) Darstellung des simulierten Vorgangs mittels Animation

Die Animation eines Experiments ist in GPSS/PC möglich. Es handelt sich um eine **einfache** Ausgabe mittels **Blockgrafik**. Für die anschauliche Präsentation von Abläufen ist diese Art der Darstellung nicht geeignet und **sehr unhandlich**.

Außerdem kann die dynamische Anzeige von Attributwerten einiger Konstrukte im Simulationsverlauf der Überprüfung auf Korrektheit des Modells dienen. Insofern übernehmen die verschiedenen „Fenster" von GPSS/PC zumindest einen Teil der Aufgaben einer Animation.

3.2 SIMPLEX III

3.2.1 Die Merkmalsgruppe „Kosten und Service"

a) Kosten für erhältliche Versionen oder Lizenzen

Bei dem Simulationssystem SIMPLEX III gibt es **keine Unterscheidung in** vom Umfang her **unterschiedliche Versionen**. Das System ist lediglich in einer Unix-Version für Sun Solaris und in einer Version für Windows 95/98 oder NT zu beziehen. Im Funktionsumfang unterscheiden sich diese zwei Versionen jedoch nicht. Die aktuell erhältliche Software hat die Versionsnummer 0.19.

SIMPLEX III ist kostenlos erhältlich.[32] Jedoch wird **der Microsoft**[33] **C-Compiler benötigt** (siehe Kapitel 3.2.1 c). Der Compiler kostet in der einfachsten (und für SIMPLEX III ausreichenden) Version 250,- DM.

---

[32] Die Bezugsadresse lautet Universität Passau, Lehrstuhl für Operations Research und Systemtheorie, Innstraße 33, 94032 Passau.

[33] Microsoft, MS-DOS sind eingetragene Warenzeichen der Microsoft Corporation.

b) Konditionen für technische Unterstützung, Wartungsverträge und Updates

In der Distribution des Simulationssystems SIMPLEX III sind **diverse Modelle zur Demonstration** enthalten. Außerdem ist am Lehrstuhl für Operations Research und Systemtheorie der Universität Passau eine **CD-ROM** mit einer Einführung in die Simulation mit SIMPLEX III erhältlich. Desweiteren wird das SIMPLEX II Benutzerhandbuch benötigt.[34] Dieses kostet 78,- DM und ist über den Lehrstuhl für Operations Research und Systemtheorie erhältlich. Schließlich bietet die Universität Passau noch Support per E-Mail und eine Mailingliste mit Informationen über Neuerungen. Da die Simplex-Software kostenlos ist, sind auch Updates auf neuere Versionen kostenlos erhältlich.

c) Schulungsangebote

Zur Zeit gibt es **keine Angebote** von herstellerunabhängigen Fremdanbietern.

d) Hard- und Softwarevoraussetzungen

SIMPLEX III benötigt einen **Pentium-Prozessor** mit 64 Megabytes Hauptspeicher und 26 Megabytes freien Festplattenspeicher.

Softwarevoraussetzung ist zunächst einmal **Windows 95/98 oder NT**. Dies soll bezüglich der Kosten jedoch nicht weiter betrachtet werden. Jeder Computer benötigt ein Betriebssystem - unabhängig davon, ob ein Simulationssystem benutzt werden soll oder nicht.

Für SIMPLEX III wird jedoch weitere Software benötigt, nämlich Microsoft Visual C++, aktuell in der Version 6.0 erhältlich.[35] Die günstigste (und für SIMPLEX III ausreichende) Version kostet 250,- DM.

---

[34] Schmidt (Simplex II, 1995).

[35] Das Programm kann beispielsweise über die Logibyte GmbH, Stromstraße 39, 10551 Berlin bezogen werden.

3.2.2 Die Merkmalsgruppe „Modellerstellung"

a) Methode der Modellerstellung

Simulationsmodelle werden mit einem in SIMPLEX III eingebauten **Texteditor** erstellt (siehe Abbildung 4).

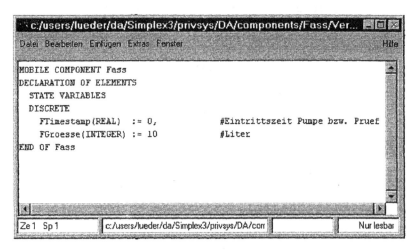

Abbildung 4: SIMPLEX III-Editor zur Modellerstellung

Die Definition dieser Modelle erfolgt in der Modellbeschreibungssprache SIMPLEX-MDL. Eine grafische Modellierung ist in der derzeitigen Version nicht möglich. Nach Auskunft der Entwickler sind jedoch ein Block-, ein Struktureditor sowie ein System Dynamics Editor kurz vor der Fertigstellung. Mit Hilfe dieser drei Editoren soll eine komplett grafische Modellerstellung möglich sein.[36]

b) Modularer Modellaufbau

Die in dieser Arbeit „Modul" genannten Bausteine von Modellen heißen in SIMPLEX III „**Komponenten**". Jede dieser Modellkomponenten bildet ein Objekt. Man kann eine beispielsweise zu modellierende Fabrik als ein Objekt ansehen, oder sie in mehrere

---

[36] Die Konzeption dieser grafischen Editoren ist beschrieben in: Reger (Konfigurierbarkeit, 1996).

interagierende Objekte aufteilen. Auf die gleiche Weise funktioniert die Modularisierung in SIMPLEX III. Soll die Fabrik als ein Objekt modelliert werden, so wird sie in Form **einer einzigen Basiskomponente** definiert. Zerlegt man das System in mehrere Objekte, so wird **jedes von ihnen in einer eigenen Basiskomponente** codiert. Die Zusammensetzung der einzelnen Objekte zum kompletten Simulationsmodell erfolgt in einer High-Level Komponente. Dabei sind zwei Arten von Objektverbindungen zu unterscheiden. Im einfachen Fall werden nur Signale übertragen. Als zweite Verbindung ist der lesende Zugriff auf Daten eines anderen Objekts möglich. Den Aufbau einer Basiskomponente zeigt Abbildung 5.

```
┌─────────────────────────────────┐
│ Name: Komp1                     │
│                                 │
├─────────────────────────────────┤
│ Deklaration der Attribute:      │
│ • Zustandsgrößen                │
│ • Abhängige Größen              │
│ • Sensorgrößen                  │
│                                 │
├─────────────────────────────────┤
│ Dynamik:                        │
│ • Differentialgleichungen       │
│ • Ereignisse                    │
│ • algebraische Gleichungen      │
│ • Fallunterscheidungen          │
│                                 │
└─────────────────────────────────┘
```

Abbildung 5: Aufbau einer Komponente[37]

Die Verknüpfung von Modulen zu Komponenten höherer Ordnung ist auch **über mehrere Ebenen durchführbar**. Eine High-Level Komponente kann also Subkomponente einer weiteren High-Level Komponente sein. Auch die mehrfache Instanziierung einer Komponente - typisches Merkmal objektorientierter Modellierung - ist in SIMPLEX III möglich.

---

[37] Entnommen aus Schmidt (Modellspezifikation, 1996), S. 4.

Das in Kapitel 4.2.1 ausgearbeitete Modell für die Simulation eines Materialflusses dient als Beispiel zur Demonstration der Objektzerlegung. Anhang 4 zeigt die Anlage in einer einzelnen Basiskomponente modelliert. In Anhang 5 wurde die gleiche Simulation in drei Basiskomponenten und eine High-Level Komponente zerlegt. In diesem Zusammenhang ist zu beachten, daß die Verwaltung der Komponenten, Modelle und Experimente im Simulator vorgenommen wird (siehe Abbildung 7, Seite 34).

c) Schnittstellen

In SIMPLEX-MDL definierte Simulationsmodelle werden in Quellcode der Programmiersprache C übersetzt. SIMPLEX III stellt Bibliotheken zur Verfügung, mit denen Ein- bzw. Ausgaben aus selbstgeschriebenen C-Programmen möglich sind. Ist ein Simulationslauf beendet, so können - wenn die implementierten Bearbeitungsmethoden nicht ausreichen - die Ergebnisse als Textdatei exportiert werden. Mit jedem Programm, das Textdateien als Eingabeformat akzeptiert, ist dann eine Verarbeitung der Ergebnisse möglich.

d) Gleichzeitigkeit

Für den Umgang mit gleichzeitig auftretenden Ereignissen stellt SIMPLEX III Methoden zur Verfügung. Um die Möglichkeit zu schaffen, gleichzeitig auftretende Ereignisse explizit zu behandeln, wird ein Zeitpunkt bei Bedarf in mehrere Takte unterteilt. Als Beispiel dient das einfache Programm „Zeitfortschaltung" aus Listing 1.

```
BASIC COMPONENT Zeitfortschaltung      #Name des Modells

DECLARATION OF ELEMENTS


STATE VARIABLES                        #Deklaration diskre-

DISCRETE                               #ter Variablen

  A(INTEGER)   := 0,

  B(INTEGER)   := 0,

  C(INTEGER)   := 0


DYNAMIC BEHAVIOUR

  ON START DO                          #Ausführung sofort

                                       #nach Beginn der

                                       #Simulation

    B^         := A + 1;               #3 gleichzeitig

    C^         := A + B + 1;           #auszuführende

    A^         := 2;                   #Berechnungen

  END


END OF Zeitfortschaltung
```

Listing 1: Beispielmodell für Zeitfortschaltung in SIMPLEX III[38]

Die drei Rechnungen sind **gleichzeitig auszuführen**. Um Auswirkungen der Reihenfolge der Berechnungen auf das Ergebnis auszuschließen, gehen die in einem Takt durchgeführten Berechnungen von der gleichen Variablenbelegung aus. Im Takt 0 sind die Variablen A, B und C mit dem Wert 0 vorbelegt. Dies ändert sich erst, wenn alle drei Berechnungen durchgeführt wurden. Die Belegung der Variablen in den zwei hier notwendigen Takten kann aus der Ergebnispräsentation in Abbildung 6 entnommen werden. Die Ergebnisse der Berechnungen werden **nicht verändert**, wenn man im Modell die Zeilen mit den Berechnungen in ihrer Reihenfolge vertauscht. Sollte in einem ähnlichen Modell beabsichtigt sein, die Berechnungen nacheinander - also nicht gleichzeitig, aber trotzdem zum gleichen Zeitpunkt - durchführen zu lassen, müßte man die Rechnungen in

---

[38] Angelehnt an Übung 2 aus Schmidt (Simplex II, 1995), S. 4-22. Das dortige Beispiel zeigt jedoch algebraische Gleichungen, bei denen die Reihenfolge sehr wohl eine Rolle spielt.

Bedingungen einschließen. Diese hätten das taktversetzte Ausführen der Berechnungen sicherzustellen.

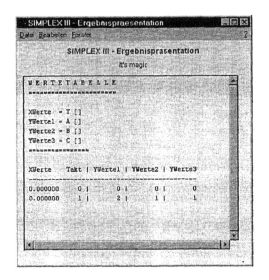

Abbildung 6: Ergebnisausgabe des Programms "Zeitfortschaltung"

Basierend auf der beschriebenen Kombination aus Takt- und Zeitfortschaltung ist es dem Ersteller eines Modells möglich, explizit die Behandlung von gleichzeitig auftretenden Ereignissen zu bestimmen.

3.2.3 Die Merkmalsgruppe „Experimentierumgebung"

a) Trennung von Modell und Experiment

SIMPLEX III **trennt strikt** zwischen den Komponenten eines Modells, den Modellen und den mit einem Modell durchzuführenden Experimenten. Die Abbildung 7 zeigt die Darstellung einiger Komponenten, Modelle und Experimente im Navigator-Fenster von SIMPLEX III.

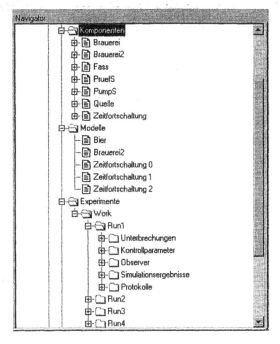

Abbildung 7: Komponenten, Modelle und Experimente im SIMPLEX III Navigator

Zunächst lassen sich im System mehrere Modellbanken erstellen. Eine Modellbank enthält beliebig viele Komponenten, die zu Modellen zusammengefügt werden. Mit einem solchen Modell lassen sich wiederum beliebig viele Experimente durchführen. Von einer Komponente können in SIMPLEX III mehrere Versionen angelegt werden. Für jedes Modell, das eine solche Komponente nutzt, wird dann entschieden, welche Version der Komponente verwendet werden soll. Die Verwaltung mehrerer Versionen einer Komponente wäre auch ohne dieses Versionenkonzept (dann als neue Komponente) möglich. Die Ausweisung als andere Version der gleichen Komponente dient jedoch der Übersichtlichkeit und Nachvollziehbarkeit der Modelle und Experimente.

Ein „Run" entspricht dem, was im Sprachgebrauch dieser Arbeit ein Experiment genannt wird.

Die Änderung von Parametern eines Modells ist vor Beginn eines Experiments und nach jeder Unterbrechung möglich. Dazu wird nicht die Modellbeschreibung geändert. Durch Auswahl des Menüpunkts „Modell parametrisieren" öffnet sich ein Fenster, in dem der Wert jeder Modellvariable geändert werden kann.

Durch die hier vorgestellten Methoden ist eine saubere Trennung von Modell und Experiment möglich. Dies dient der Übersichtlichkeit und Nachvollziehbarkeit bei größeren Projekten.

b) Fortsetzung von Simulationsläufen

Das Ende eines Experiments ist in SIMPLEX III durch zwei Ereignisse herbeiführbar. Die erste Möglichkeit ist der Ablauf der am Anfang eines Experiments festgelegten zu simulierenden Zeitspanne. Als zweites kann ein im Modell eintretendes Ereignis die Simulation beenden. In beiden Fällen erzeugt der Simulator eine Zustandsbeschreibung des Modells. Diese gibt dem Modellierer die Möglichkeit, wie vor Beginn der Simulation die Parameter des Modells - jetzt jedoch zum Unterbrechungszeitpunkt - zu ändern. Unabhängig von der Änderung eines oder mehrerer Parameter, ist eine **Fortsetzung des Experiments möglich.**

c) Datenhaltung zum Vergleich mehrerer Simulationsläufe

Die Aufzeichnung der Werte von Attributen wird in SIMPLEX III nicht in der Modellbeschreibung festgelegt. So sind mit einem Modell mehrere Experimente möglich, bei denen ganz unterschiedliche Simulationsergebnisse festgehalten werden. Zur Aufzeichnung von Werten im Verlauf eines Experiments werden vor dessen Beginn vom Modellierer sogenannte Observer eingerichtet. Diese zeichnen Werte der Attribute der Simulation auf, entweder in fixen Zeitabständen oder bei Eintreten bestimmter Ereignisse. Die entstandenen Ergebnisse werden **innerhalb des Simulators archiviert.** Die tabellarische Gegenüberstellung oder weitere Verarbeitung ist modell- und sogar modellbankübergreifend möglich. Auf diese Weise lassen sich die Ergebnisse verschiedener Experimente sowohl tabellarisch als auch grafisch gegenüberstellen.

d) Geschwindigkeit des Simulationsablaufs

Ein in SIMPLEX-MDL vorliegendes Modell wird mittels mehrerer Schritte in ein ausführbares Programm überführt. Die Durchführung eines Simulationsexperiments ist damit ungleich schneller als mit einem Interpreter. Die nötigen Übersetzungsschritte bis zur Simulation veranschaulicht Abbildung 8.

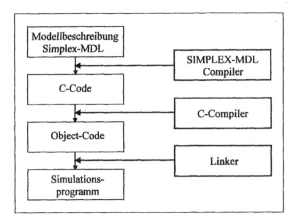

Abbildung 8: Das Übersetzen und Binden einer Komponente[39]

Das in Kapitel 4.2.1 beschriebene Experiment benötigt für die Ausführung auf einem Pentium II mit 333 MHz ca. 6 Sekunden.

3.2.4 Die Merkmalsgruppe „Ausgabe und Ergebnisdarstellung"

a) In den Simulator eingebaute Methoden der Ergebnispräsentation

Die Ergebnisse eines Experiments lassen sich innerhalb von SIMPLEX III auf verschiedene Arten darstellen. Zunächst ist die reine **Auflistung der Daten** in Tabellenform möglich. Außerdem ist die Aufbereitung zu **Linien-, Balken- und Tortendiagrammen** implementiert (siehe Abbildung 9). Für diese grafischen Ergebnisdarstellungen sind viele Parameter (wie Linienfarbe und -stärke, Hintergrundfarbe usw.) wählbar. In Abbildung 9

---

[39] Entnommen aus Schmidt (Simplex II, 1995), S. 3.22.

werden von dem System aus Kapitel 4.2.1 für die Warteschlange vor der Füllstation zwei Attribute als Liniendiagramm dargestellt. Bei den Attributen handelt es sich um die durchschnittliche Anzahl der wartenden Fässer und die durchschnittliche Wartezeit bis zu dem Zeitpunkt, an dem 5.000 Fässer das System durchlaufen haben.

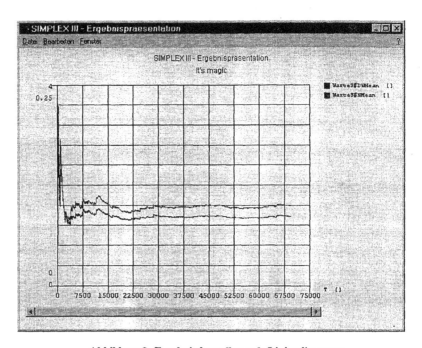

Abbildung 9: Ergebnisdarstellung als Liniendiagramm

Im Simulator sind also die wichtigsten grafischen Darstellungsmöglichkeiten für Simulationsergebnisse eingebaut.

b) Statistische Auswerteverfahren

Die in SIMPLEX III nutzbaren statistischen Verfahren sind die Berechnung von Konfidenzintervallen, Einschwingphasen und Fourieranalysen.

In SIMPLEX III ist die Aufzeichnung von Zeitreihen über Attributwerte möglich. Mit Hilfe einer solchen Zeitreihe können Konfidenzintervalle berechnet werden. Es ist jedoch nicht ohne weiteres möglich - beispielsweise zum Zweck einer Sensitivitätsanalyse - die Endergebnisse verschiedener Läufe eines Experiments einer Konfidenzintervallberechnung zu unterziehen.

Die in SIMPLEX III zur Verfügung stehenden Werkzeuge gehen weit über einzelne statistische Verfahren hinaus. Sensitivitätsanalysen und Optimierungen sind vollautomatisch möglich. „Die Simulation ist kein Optimierungsverfahren. ... Erst die Durchführung mehrerer Simulationsläufe läßt Tendenzen erkennen und Verbesserungsmöglichkeiten sichtbar werden."[40] Diese Optimierung ist in SIMPLEX III automatisierbar. Es ist beispielsweise möglich, das in Kapitel 4.3.1 beschriebene Bestellsystem so einzustellen, daß die Zahl der Bestellungen unter der Bedingung minimiert wird, daß die Fehlmenge nach 1.000 Tagen maximal 10.000 Fässer betragen darf. Zu diesem Zweck setzt auf die Modellbeschreibung eine Experimentbeschreibung mittels Experiment Description Language (EDL) auf.[41]

c) Darstellung des simulierten Vorgangs mittels Animation

Eine Animation eines Experiments ist in SIMPLEX III derzeit nicht möglich.[42]

---

[40] Verein Deutscher Ingenieure (Simulationstechnik, 1983), S. 2.

[41] Die SIMPLEX EDL ist in Wittmann (Simulationsexperimente, 1993) beschrieben. Sie ist jedoch ähnlich komplex wie die Model Description Language zu Modellbeschreibung. Aus diesem Grunde soll hier eine genauere Untersuchung der Experimentautomatisierung unterbleiben.

[42] Die Unix-basierte Vorgängerversion SIMPLEX II besitzt einfache Animationsmöglichkeiten. Ein integriertes Animationskonzept für SIMPLEX III befindet sich laut Auskunft der Entwickler in der Konzeptphase.

4 Die Eignung zur Simulation verschiedener Systemklassen

4.1 Vorgehensweise für die weitere Untersuchung

In Kapitel 3 wurden Kriterien überprüft, die allgemeiner Natur waren (wie zum Beispiel die Kosten des jeweiligen Simulationssystems oder die Geschwindigkeit des Simulationsablaufs). Diese Merkmale hatten alle eine Relevanz für den Einsatz im Bereich der Logistikplanung. Jedoch ist ihre Bedeutung nicht auf den dortigen Einsatz begrenzt. Kapitel 4 bezieht sich auf **im logistischen Bereich häufig vorkommende Konstrukte** und **Kennzahlen**. Es wird gezeigt, inwieweit diese in der Beschreibungssprache des Simulators abgebildet und berechnet werden können.

Ziel dieses Kapitels ist nicht, sämtliche Varianten des Einsatzes der beschriebenen Konstrukte aufzuführen. Lediglich das Vorhandensein dieser Möglichkeiten und die Demonstration ihres Einsatzes sollen hier gezeigt werden.[43] Zu diesem Zweck wurden exemplarisch **zwei typische logistische Problemklassen** ausgewählt, an denen die Möglichkeiten der Simulationssoftware mit Hilfe einer Beispielsimulation beschrieben werden.

Die **erste Klasse** von häufig vorkommenden Planungsproblemen bilden die **Materialflußsysteme**. **Kapitel 4.2.1** beschreibt ein solches System. In Kapitel 4.2.2 bzw. 4.2.3 werden dann die Konstrukte und Kennzahlen vorgestellt, welche hierfür in GPSS/PC bzw. SIMPLEX III zur Verfügung stehen. In Kapitel 4.2.4 werden schließlich die Ergebnisse der Simulation präsentiert, welche mit Hilfe der beschriebenen Konstrukte und Kennzahlen gewonnen wurden.

Die **zweite Klasse** logistischer Planungsprobleme sind **Bestellsysteme**. In **Kapitel 4.3.1** wird ein Beispielsystem entwickelt, welches als Basis für die Evaluation dient. Kapitel 4.3.2 bzw. 4.3.3 thematisieren die bestellsystemspezifischen Konstrukte und Kennzahlen in

---

[43] Eine vollständige Auflistung der Parameter der GPSS-Blöcke findet sich unter anderem in Hoover u. Perry (Simulation, 1989), S. A1 - A 95, sowie im Handbuch zu GPSS/PC Minuteman Software (GPSS/PC, 1986). Eine Einführung in die Arbeit mit GPSS/PC bietet zum Beispiel Chisman (GPSS/PC, 1992).

GPSS/PC bzw. SIMPLEX III. Die Ergebnisse der Bestellsystemsimulation werden in Kapitel 4.3.4 dargestellt.

4.2 Die Klasse der Materialflußsysteme

4.2.1 Beschreibung des zu simulierenden Systems[44]

In einer Brauerei werden **Bierfässer** in mehreren Größen angeliefert, die an einer **Pump-station** aufgefüllt und dann in einer **Prüfstation** auf Fehlerfreiheit getestet werden. Die Abfüllung ist schematisch in Abbildung 10 dargestellt.

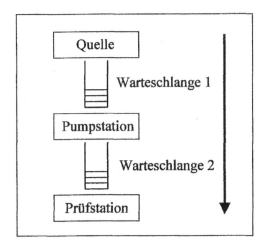

Abbildung 10: Schematische Darstellung der Abfüllanlage

Quelle:
- Fässer kommen mit einer exponentialverteilten Zwischenzeit von **14 Sekunden (Mittelwert)** in der Brauerei an.
- Das **Fassungsvermögen** kann 20 oder 30 Liter betragen. Beide Größen sind gleich-verteilt.

---

[44] Angelehnt an eine Übungsaufgabe des Lehrstuhls für Operations Research und Systemtheorie an der Universität Passau (siehe Anhang 10).

Pumpstation:

– Die Pumpstation kann **jeweils nur ein Faß** füllen.

– Fässer, die nicht sofort gefüllt werden können, bilden eine Warteschlange (Warteschlange 1) vor der Station in aufsteigender Ankunftszeit. Das jeweils erste Faß in der Schlange wird dann als nächstes bearbeitet (FIFO-Prinzip).

– Die **Füllgeschwindigkeit** beträgt 5,0 Liter pro Sekunde.

Prüfstation:

– Die Bearbeitungszeit in der Prüfstation ist exponentialverteilt mit einem **Mittelwert von 12 Sekunden.**

– Auch die Prüfungsstation kann **jeweils nur ein Faß** prüfen.

– Auch vor der Prüfstation bildet sich gegebenenfalls eine Warteschlange (Warteschlange 2), die nach dem FIFO-Prinzip abgearbeitet wird.

Auswertung:

– Gesucht werden die folgenden Daten über das modellierte System:

– die mittlere Warteschlangenlänge der jeweiligen Warteschlange

– die mittlere Wartezeit in den Warteschlangen

– die mittlere Verweilzeit (Verweilzeit = Wartezeit + Bedienzeit) für die beiden Stationen.

– Es sollen 50 000 Transaktionen beobachtet werden.

4.2.2 GPSS/PC

a) Konstrukte

Das wichtigste Element bei der Darstellung eines Materialflusses ist immer das zu bewegende **Material**. Ein Sprachkonstrukt, welches zur Abbildung eines solchen Objektes geeignet ist, **muß Attribute** wie Größe, Farbe oder Geschwindigkeit des Materials **aufnehmen können**. In GPSS/PC läßt sich Material mit seinen Attributen als Transaktionen darstellen. Transaktionen steuern den Ablauf von Simulationen. Dabei sind sie in der Lage, weit mehr darzustellen, als nur das Material. Für die hier zugrundeliegende Problemklasse sollen die Eigenschaften von Transaktionen beschrieben werden, welche für die Darstellung eines Materialflusses von Bedeutung sind.

Listing 2 zeigt die Abbildung von Material in der GPSS/PC-Modellbeschreibung anhand der Fässer aus Kapitel 4.2.1. Es werden nur die zum Verständnis der Funktionsweise benötigten Zeilen dargestellt. Das vollständige Modell zeigt Anhang 1.

```
...
20            GENERATE     14 FN$XPDIS    ;Ankunftsrate 14 Sekunden
                                          ;exponentialverteilt
30            TRANSFER     .5 GROSS       ;50% kleine/grosse Faesser
40            ASSIGN       1 2            ;kleines Fass
50            TRANSFER     ,BEIDE         ;zurueck zum Hauptstrang
60 GROSS      ASSIGN       1 3            ;grosses Fass
70 BEIDE      QUEUE        WARTEFUELL
...
90            SEIZE        FUELL          ;Facility belegen
100           DEPART       WARTEFUELL     ;Ende der Wartezeit
110           TEST E       P1 2 LANG      ;Fassgroessen trennen
120           ADVANCE      4              ;kleines Fass 4 Sekunden
130           TRANSFER     ,ZUSAMMEN      ;Fuellzeit
140 LANG      ADVANCE      6              ;grosses Fass 6 Sekunden
150 ZUSAMMEN  DEPART       VERWEILFUELL   ;Ende der Verweilzeit
160           RELEASE      FUELL          ;Facility freigeben
...
240           TERMINATE    1              ;Ende
```

Listing 2: Darstellung von Material in GPSS/PC

In Zeile 20 werden die Fässer generiert. Diese werden in Zeile 30 mit jeweils 50-prozentiger Wahrscheinlichkeit nach Zeile 40 bzw. 60 weitergeleitet. Der Befehl ASSIGN in Zeile 40 bzw. 60 weist Parameter 1 der Transaktion den Wert 2 bzw. 3 zu. Diese Werte stehen für die Faßgröße von 20 bzw. 30 Litern.

Ab Zeile 70 laufen sämtliche Transaktionen den gleichen Weg. Zeile 110 testet sie wiederum auf den Wert von Parameter 1. Zeile 240 löscht ankommende Transaktionen, um den Speicher freizugeben.

Der beschriebene Ausschnitt aus der Materialflußsimulation zeigt die Möglichkeiten, welche GPSS/PC bietet, Material sowie dessen Eigenschaften (in Parametern) abzubilden und abzutesten.

Eine weitere wichtige Komponente in Materialflußsystemen bilden **Stationen, die nur einmal belegt** werden können, die sogenannten **Facilities**. Material, das ankommt, wenn die Station belegt ist, muß warten, bis diese wieder freigegeben wird. Zur Abbildung solcher Objekte steht in GPSS/PC die Kombination aus SEIZE und RELEASE zur Verfügung. Tritt eine Transaktion (also das simulierte Material) in den Seize-Block einer freien Facility ein, so wird diese belegt. Andernfalls bildet sich vor der Station eine Warteschlange, die nach dem FIFO-Prinzip abgearbeitet wird. Betritt die Transaktion einen Release-Block, so wird die zugehörige Facility freigegeben, und das nächste Materialstück kann die Facility besetzen. Die Zeilen 90 und 160 in Listing 2 zeigen den Gebrauch dieses Konstrukts. Zwischen diesen beiden Blöcken findet die eigentliche Bearbeitung an der Station statt.

Auch **Ressourcen** mit einer **Kapazität größer als eins** sind in GPSS/PC darstellbar. Diesem Zweck dienen sogenannte **Storages**. Betritt eine Transaktion einen ENTER-Block, so wird die in diesem Block spezifizierte Kapazität in der Storage belegt. Das LEAVE-Kommando dient dazu, belegten Platz in einer Storage wieder freizugeben. Die Kapazität einer solchen Ressource wird mit dem Befehl STORAGE vor Beginn der Simulation festgelegt. Für die Materialflußsimulation wird dieses Konstrukt nicht benötigt. Allerdings zeigen die Zeilen 40, 1030 und 10000 der Bestellsystemsimulation im Anhang 7 beispielhaft die Nutzung der beschriebenen Modellierungsmöglichkeiten.

Nicht nur durch Warten auf besetzte Ressourcen kann in einem System Zeit vergehen. Manche Vorgänge verbrauchen **Zeit**. Als Beispiel soll das Befüllen eines Fasses in der simulierten Füllstation dienen. Dieses benötigt bei einer Füllgeschwindigkeit von 5,0 Litern pro Sekunde 4 Sekunden für das 20-Liter-Faß und 6 Sekunden für das 30-Liter-Faß. Die Zeilen 120 und 140 aus Listing 2 zeigen die Abbildung von Zeitverbräuchen mittels dem **ADVANCE-Kommando**. Dabei ist zu beachten, daß dem Simulationssystem die Zeiteinheit nicht mitgeteilt wird. Es ist für das GPSS/PC-Modell unerheblich, ob das Befüllen eines Fasses 4 Sekunden oder 4 Jahre dauert. Dem Modellierer ist es überlassen, für die einheitliche und sinnvolle Benutzung von Rechen- und Zeiteinheiten zu sorgen.

Es ist möglich, Transaktionen in eine Art **Warteschlange** einzureihen, welche sie nicht aus eigener Kraft wieder verlassen können. Betritt eine Transaktion einen LINK-Block, so wird sie in eine sogenannte USER CHAIN gestellt. Erst wenn eine **andere** Transaktion einen UNLINK-Block betritt, verläßt eine spezifizierbare Anzahl Transaktionen diese USER CHAIN. Der Block für den Wiedereintritt ist dabei frei wählbar. Listing 8 Zeilen 120 und 1070 (Seite 59) demonstrieren den Gebrauch dieses Konstrukts.

b) Kennzahlen

In GPSS/PC sind **Kennzahlen eng mit** den **Konstrukten** - den Blocksymbolen - **verknüpft**. Viele Blöcke produzieren automatisch eine statistische Auswertung, die in einer Report-Datei gespeichert wird.

Die Standardausgabedatei (siehe Listing 6, Seite 54) einer GPSS/PC-Simulation enthält die komplette Liste der Blöcke im bearbeiteten Modell. Zu diesen Blöcken werden Statistiken angelegt. Die Spalte ENTRY_COUNT enthält jeweils die Zahl der in den Block eingetretenen Transaktionen. Die Spalte CURRENT_COUNT enthält die Zahl der Transaktionen, welche sich zum Ende des Simulationslaufs im jeweiligen Block befinden. Die Spalte RETRY summiert die vergeblichen Versuche, einen Block zu betreten.

Wie unter a) ausgeführt, kann sich vor einer Facility eine **Warteschlange** bilden. Werden Daten über Anzahl und Zeit in dieser Warteschlange benötigt, so bietet sich ein Konstrukt an, welches aus QUEUE (Eintritt) und DEPART (Verlassen der Warteschlange) besteht. Die mittels dieser beiden Blöcke gebildete **Konstruktion beeinflußt den Simulationsablauf nicht**. Stehen beispielsweise der QUEUE- und der DEPART-Block direkt hintereinander, so wird die Warteschlange ohne Wartezeit durchlaufen. Erst (potentiell) zeitverbrauchende Blöcke zwischen QUEUE und DEPART ergeben sinnvolle Kennzahlen. Die wichtigsten berechenbaren Kennzahlen sind:

MAX   = die maximale Anzahl von Transaktionen in der Warteschlange

CONT   = Transaktionen in der Warteschlange am Ende des Simulationslaufs

ENTRIES   = Zahl insgesamt in die Warteschlange eingetretener Transaktionen

ENTRIES(0) = Anzahl der Transaktionen, welche die Warteschlange ohne Zeit-
verbrauch verlassen haben

AVE.CONT   = durchschnittliche Anzahl von Transaktionen in der Warteschlange

AVE.TIME   = durchschnittliche Zeit, die eine Transaktion (ein Materialstück) in der
Warteschlange verbringt

AVE.(-0)   = analog AVE.TIME, aber ohne die Transaktionen mit 0 Wartezeit

Außerdem ist es möglich, über die Wartezeiten eine sogenannte **Table** anzulegen. Die QTABLE-Anweisung sorgt für die Speicherung von **Häufigkeitsverteilung, Mittelwert und Standardabweichung** der Wartezeiten aus der entsprechenden Warteschlange.

Neben der QUEUE-DEPART-Struktur produziert auch die **Facility** statistische Daten. So werden der durchschnittliche Belegungsgrad (UTIL), die durchschnittliche Zeitdauer der Belegung (AVE._TIME), sowie Zähler für eventuell auf die Freigabe wartende Transaktionen protokolliert.

Die wichtigsten von einer **Storage** (Beschreibung des Konstrukts siehe unter a)) festgehaltenen Werte beinhalten minimale (MIN) und maximale (MAX) Belegung, durchschnittliche Belegung (AVE.C) sowie den durchschnittlichen Auslastungsgrad (UTIL). Für die Materialflußsimulation wird dieses Konstrukt.nicht benötigt. Listing 3 zeigt die Ausgabe einer GPSS/PC-Storage am Beispiel der Bestellsystemsimulation.

STORAGE	CAP.	REMAIN.	MIN.	MAX.	ENTRIES	AVL.	AVE.C	UTIL.	RETRY	DELAY
LAGER	2000	2000	0	1000	93414	1	308.73	0.154	0	0

Listing 3: GPSS-Ergebnisse für das Bestellsystem-Lager als Storage

Die wichtigsten Kennzahlen, welche von einer **USER CHAIN** (siehe unter a)) berechnet werden, sind deren aktuelle Länge am Ende des Simulationslaufs (CHAIN_SIZE), die durchschnittliche Zahl von Transaktionen in der USER CHAIN (AVE.CONT), die Gesamtzahl der in die USER CHAIN eingetretenen Transaktionen (ENTRIES), die maximale Belegung während der bisherigen Simulationsdauer (MAX) und die durchschnittlich in der USER CHAIN verbrachte Zeit (AVE.TIME).

Die Kombination aus der TABULATE- und der TABLE-Anweisung legt eine **Häufigkeitsverteilung eines Parameters oder sonstigen Attributs** der Simulation an. Während TABLE die Definition und Klassenbildung für die Verteilung übernimmt, ist es der TABULATE-Block, dessen Erreichen einen Eintrag in die Verteilungstabelle bewirkt. Neben der Häufigkeitsverteilung berechnet dieses Konstrukt ebenfalls den **Mittelwert und die Standardabweichung** des protokollierten Wertes. Dieses Konstrukt funktioniert analog zur Aufzeichnung statistischer Daten über eine Warteschlange durch den QTABLE-Befehl.

Ein sehr wichtiger Punkt zur Erzielung realistischer Simulationsergebnisse ist die **Wahl des Anfangszustandes** der Parameter eines Modells. Oftmals ist es jedoch nicht möglich, Ergebnisverfälschungen durch willkürlich gewählte Anfangsgrößen auszuschließen. Der Einfluß einer solchen Verfälschung kann manchmal dadurch vermindert werden, daß die Dauer eines Simulationslaufs möglichst groß gewählt wird. „Eine weitere Möglichkeit, die Wahl des Anfangszustandes als Fehlerquelle zu vermeiden, besteht darin, bei der Durchführung des Experiments eine sogenannte Einschwingphase abzuwarten und mit der Aufzeichnung des Experiments erst dann zu beginnen, wenn ein realitätstypischer Zustand oder zumindest eine Art Gleichgewichtszustand erreicht ist."[45] Um nach einer **Einschwingphase** die Statistiken zurückzusetzen, steht in GPSS/PC der **RESET-Befehl** zur Verfügung. Dieser **löscht sämtliche Statistiken**, ohne die Simulationsuhr, die Zufallsgeneratoren oder die bereits generierten Transaktionen zu beeinflussen. Der

---

[45] Steinhausen (Simulationstechniken, 1994), S. 24.

richtige Zeitpunkt für den Reset muß vom Modellierer berechnet oder anhand von Testläufen bestimmt werden.

Bis hierher wurde beschrieben, wie Kennzahlen am Ende eines Simulationslaufs in einer Report-Datei gespeichert werden. Es gibt in GPSS/PC allerdings auch die Möglichkeit, **während einer laufenden Simulation** die Entwicklung der Werte von Attributen zu beobachten. Diesem Zweck dienen die sogenannten **Fenster**, jeweils eines für Blöcke, Facilities, Storages, Tables und Matrizen[46]. In diesen Fenstern werden die zu dem jeweiligen Konstrukt gehörenden **Werte, sowohl textlich als auch grafisch, dargestellt.** Als Beispiel zeigt Abbildung 11 die Werte für die Füll- und Prüfstation aus der Materialflußsimulation.

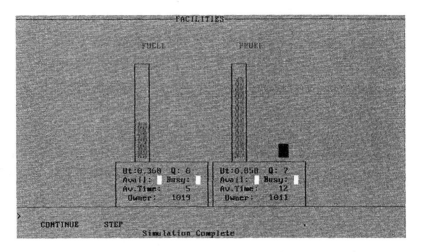

Abbildung 11: Kennzahlen-Ausgabe im Facilities-Window

Die Höhe des gepunkteten Balkens stellt jeweils den Nutzungsgrad dar, welcher ebenfalls als Ziffer unter „Ut." angegeben ist. Der solide Balken der Prüfstation symbolisiert die derzeit 7 Transaktionen, die auf die Freigabe der Facility warten. Eine Facility kann

---

[46] In GPSS/PC ist eine Matrix ein zweidimensionales Feld aus m * n Variablen.

bei laufender Simulation „geschlossen" werden. Dies bedeutet, daß sie für eintretendes Material nicht zur Verfügung steht. In diesem Fall wäre das Rechteck hinter „Avail." nicht weiß. Ein Test der Auswirkungen von Reparaturarbeiten oder Störungen (beispielsweise an Maschinen oder Stationen) ist durch Nutzung dieser Abschaltung möglich. Die anderen Daten dieses „Fensters" entsprechen den Ausgabedaten einer Report-Datei.

Die „Fenster" für die weiteren GPSS/PC-Konstrukte geben deren Ausgabedaten analog wieder.

Zusätzlich können in ein solches „Fenster" bis zu vier sogenannte **Microwindows** eingefügt werden. Dabei handelt es sich um kleine Kästchen, in denen **der aktuelle Wert eines Attributs** des Modells **dargestellt** wird. Eine Demonstration dieser Ausgabemöglichkeit anhand einiger Werte der Bestellsystemsimulation zeigt Abbildung 13 auf Seite 62.

Der Modellierer kann sich bei aktivem Simulationslauf in einem solchen „Fenster" die Entwicklung der Kennzahlen ansehen. Es ist auch möglich - entweder nach einer festgelegten Anzahl von Transaktionsbewegungen oder wenn ein festgelegter Block von einer Transaktion betreten wird - die Simulation zu unterbrechen. Damit kann zu jedem beliebigen Zeitpunkt eines Simulationslaufs die Entwicklung der Kennzahlen verfolgt und überprüft werden. Eine Protokollierung des Simulationslaufs in Form von Zeitreihen über Attributwerte ist in GPSS/PC nicht möglich.

4.2.3 SIMPLEX III

a) Konstrukte

Für die Darstellung von Material gibt es in SIMPLEX III ein Konstrukt, die **Mobile Komponente**. Diese wird als ein eigenes Objekt definiert. Die Attribute der Komponente werden in Form von Variablen in der Definition der Mobilen Komponente angegeben. Die Fässer aus der Materialflußsimulation sind als Mobile Komponenten definiert. Listing 4 zeigt den benötigten SIMPLEX MDL-Code.

```
MOBILE COMPONENT Fass            #Definition des Fasses als Mobile
DECLARATION OF ELEMENTS          #Komponente.
STATE VARIABLES
DISCRETE
    FTimestamp(REAL)   := 0,      #Eintrittszeit Pumpe bzw. Pruef
    FGroesse(INTEGER)  := 10      #Liter
END OF Fass
```

Listing 4: Darstellung von Material in SIMPLEX III

In der Basiskomponente „Brauerei" wird das Faß als Mobile Subkomponente angegeben. Dies demonstriert Zeile 20^{47} im Listing 5.

Orte, an denen sich eine Mobile Komponente aufhalten kann, heißen **LOCATION** (Zeile 40 - 70). Das Besondere am Verhältnis von Location und Mobiler Komponente ist, daß eine Mobile Komponente wiederum Locations enthalten kann, die ihrerseits Mobile Komponenten aufnehmen. Es wäre so beispielsweise möglich, einen Gabelstapler darzustellen, der Paletten befördert. Der Platz auf den Paletten würde wiederum von Paketen oder anderem Material eingenommen.

In Zeile 80 aus Listing 5 beginnt die Beschreibung des dynamischen Verhaltens des Objekts „Brauerei". Ereignisse sind in SIMPLEX III an auslösende Bedingungen geknüpft. Im aktuellen Beispiel ist dies jeweils das WHENEVER-Konstrukt, das so lange immer wieder schaltet, wie die Auslösebedingung wahr ist (vergleichbar mit einer WHILE-Schleife in herkömmlichen Programmiersprachen).

---

[47] Der Quellcode von SIMPLEX III-Modellen besitzt keine Zeilennummern. Diese wurden in Listing 5 manuell eingefügt zur besseren Referenzierbarkeit.

```
...
20 MOBILE SUBCOMPONENT OF CLASS Fass


30 DECLARATION OF ELEMENTS
...
40   LOCATIONS
50      WarteS  (Fass) := 0 Fass, #Warteschlange vor der Pumpstation
60      PumpS   (Fass) := 0 Fass, #Pumpstation
70      WarteS2(Fass) := 0 Fass, #Warteschlange vor der Pruefstation
...
80   DYNAMIC BEHAVIOUR

...
90    #Anlieferung leerer Faesser in die Fuellstation-Warteschlange
100   WHENEVER T >= TAnkunft AND T > 0 DO
110      TAnkunft^ := T + Ankunft;       #Ankunftszeitpunkt naechstes Fass
120      WarteS^ : ADD 1 NEW Fass        #Fass generieren
130      CHANGING
140         FGroesse^  := 10 * Groesse;  #Fassgroesse festlegen
150         FTimestamp^ := T;            #Mit aktueller Zeit stempeln
160                                      #Berechnung von Wartezeiten
170      END                            #Ende von CHANGING
180   END                               #Ende von WHENEVER


190   #Fuellen des Fasses
200   WHENEVER (NUMBER(PumpS)=0) AND (NUMBER(WarteS)>0) DO
210      PumpS^ : FROM WarteS GET Fass[1];
220      TArbeitFuell^ := T + 0.2 * WarteS:Fass[1].FGroesse;
230   END


240   #Fuellen Ende
250   WHENEVER (NUMBER(PumpS)>0) AND T > TArbeitFuell DO  #Fass voll?
260      PumpS^ : TO WarteS2 SEND Fass[1]   #dann Fuellstation verlassen
...
270      #Berechnung der Verweilzeit in Pumpstation fuer aktuelles Fass
280      PumpVerweil^ := PumpVerweil + (T - PumpS:Fass[1].FTimestamp);
290   END
...
```

Listing 5: Umgang mit Mobilen Komponenten

Im Konstrukt der Zeilen 90 - 180 werden **Fässer generiert**. Die eigentliche Erstellung eines neuen Fasses übernimmt der ADD-Befehl in Zeile 120. In den Zeilen 130 - 170 werden die Attributwerte des neuen Fasses gesetzt.

Die Zeilen 210 und 260 zeigen zwei Möglichkeiten, wie eine Mobile Komponente **bewegt** werden kann. Entweder holt sich die empfangende Location die Komponente ab (Pull-Prinzip), oder die sendende Location verschickt die Komponente selbst (Push-Prinzip).

Die Aufnahmekapazität der Location ist nicht festgelegt. Ob mit diesem Konstrukt eine **Station**, eine **Warteschlange oder** ein **Speicher** dargestellt wird, liegt nur an der Formulierung des auslösenden Konstrukts. Eine Station holt sich (wenn vorhanden) sofort eine neue Mobile Komponente, sobald sie nicht mehr besetzt ist. Eine Warteschlange verhält sich im allgemeinen passiv. Andere Objekte fügen ihr Komponenten zu oder entfernen solche. Ein Speicher verhält sich ähnlich wie eine Warteschlange. Er besitzt jedoch in der Regel eine begrenzte Kapazität.

Die **Zeit** wird in der Variable „T" gemessen. Sie muß im Modell **nicht explizit angegeben** werden. Kann zum aktuellen Zeitpunkt kein Ereignis mehr schalten, dann erhöht der Simulator „T" automatisch. Der Zeitpunkt, zu dem ein Ereignis schaltet, wird durch die am Anfang des Ereignisses stehende Bedingung festgelegt. Im einfachsten Fall enthält eine Variable den nächsten Ereigniszeitpunkt. Wie bei GPSS/PC ist es auch in SIMPLEX III irrelevant für den Simulator, ob eine Zeiteinheit eine Sekunde, einen Tag oder eine andere Zeiteinheit darstellt.

b) Kennzahlen

Die **Aufzeichnung von Attributwerten** und damit die Gewinnung von Kennzahlen über eine Simulation ist in SIMPLEX III sehr variabel und vielseitig. Sogenannte **Observer** haben die Aufgabe, Werte zu speichern. Dies ist für jede Variable des Modells möglich. Ein Observer wird jedoch **nicht im Modell** angelegt, sondern erst bei der Vorbereitung für ein Experiment. Die Aufzeichnung wird von Ereignissen ausgelöst. Dabei ist es dem Modellierer überlassen, für jede aufzuzeichnende Variable den passenden Auslösemechanismus zu wählen. Die Vielseitigkeit macht dieses Instrument auf der anderen Seite jedoch sehr komplex. Wählt der Modellierer beispielsweise den falschen Auslösemecha-nismus, so werden die Attributwerte nicht zum gewünschten Zeitpunkt protokolliert. Auf die Weise kann es geschehen, daß trotz einer korrekt laufenden Simulation nicht die kor-rekten Werte über den Durchlauf gespeichert werden. Abbildung 12 zeigt das Fenster zur Einrichtung des einfachsten Observers. Dieser zeichnet den neuen Wert einer Variable immer dann auf, wenn sie sich ändert.

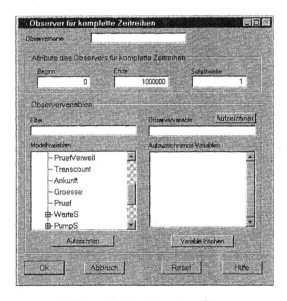

Abbildung 12: Einrichten eines Observers

Eine Besonderheit unter den Lieferanten für Attribute sind die Locations. Diese stellen automatisch eine Reihe statistischer Informationen zur Verfügung:

N	Aktuelle Anzahl Mobiler Komponenten auf der Location
NLeave	Gesamtzahl der Mobilen Komponenten, die auf der Location waren
NMax	Maximale gleichzeitige Belegung
NMean	Mittlere Belegung
DWMean	Mittlere Verweilzeit der Mobilen Komponenten
DEmpty	Zeit, in der die Location leer war

DOccupy   Zeit, in der die Location von mindestens einer Mobilen Komponente

besetzt war

In SIMPLEX III ist ein Rechenverfahren zur Bestimmung der **Einschwingphase** eingebaut. Auch andere Verfahren, wie die Berechnung von Konfidenzintervallen, nutzen dieses Verfahren. So wird das gewünschte Konfidenzintervall einmal für die komplette Zeitreihe und ein zweites Mal für den Zeitraum nach Ende der Einschwingphase berechnet.

Ein Merkmal von SIMPLEX III ist, daß es die **korrekte Umrechnung von physikalischen Maßeinheiten** sicherstellen kann. Die Basiseinheiten und ihr Verhältnis zueinander sind im Simulator hinterlegt. Auch das Verhältnis zwischen benutzten Einheiten (zum Beispiel Kilometer oder Millimeter) und den Basiseinheiten (in diesem Fall Meter) ist dem Simulator bekannt. SIMPLEX III kann so bei jeder Berechnung die korrekte Verwendung von Maßeinheiten sicherstellen. Eine Fehlerquelle für Modelle ist damit ausgeschaltet.[48]

Eine grafische Visualisierung von Konstrukten gibt es in SIMPLEX III nicht. Die Interaktion mit dem laufenden Modell ist ebenfalls nicht möglich. Statt dessen erlaubt SIMPLEX III die **Aufzeichnung kompletter Zeitreihen**, anhand derer der Verlauf einer Simulation nachvollzogen werden kann (siehe Observer unter a)).

4.2.4 Ergebnis

Die eigentliche Aufgabe der Simulationsbeispiele ist die Demonstration der Möglichkeiten der hier zu vergleichenden Simulationssysteme. Dennoch soll nicht versäumt werden, die in den Aufgabenstellungen verlangten Ergebnisse zu liefern. Anhand dieser Beispiele wird die Art und Weise der Ergebnisausgabe der beiden Simulatoren demonstriert.

---

[48] Die Vorführung dieser Technik in den Beispielsimulationen hätte deren Quellcode verkompliziert. Auf die Demonstration der Funktionsweise wurde daher zugunsten einer möglichst hohen Verständlichkeit der Quelltexte verzichtet.

4.2.4.1 GPSS/PC

Die Ausgabedatei eines Simulationslaufs zeigt Listing 6. Daraus sind die folgenden Werte für die benötigten Daten ablesbar:

- die mittlere Warteschlangenlänge vor der Füllstation: 0,14 Fässer

(AVE.CONT. von WARTEFUELL)

- die mittlere Warteschlangenlänge vor der Prüfstation: 5,78 Fässer

(AVE.CONT. von WARTEPRUEF)

- die mittlere Wartezeit in der Warteschlange vor der Füllstation: 1,84 Sekunden

(AVE.TIME von WARTEFUELL)

- die mittlere Wartezeit in der Warteschlange vor der Prüfstation: 77,43 Sekunden

(AVE.TIME von WARTEPRUEF)

- die mittlere Verweilzeit für die Füllstation: 6,84 Sekunden

(AVE.TIME von VERWEILFUELL)

- die mittlere Verweilzeit für die Füllstation: 89,06 Sekunden

(AVE.TIME von VERWEILPRUEF).

START_TIME	END_TIME	BLOCKS	FACILITIES	STORAGES	FREE_MEMORY
0	669825	23	2	0	2720

LINE	LOC	BLOCK_TYPE	ENTRY_COUNT	CURRENT_COUNT	RETRY
20	1	GENERATE	50004	0	0
...					
230	22	DEPART	50000	0	0
240	23	TERMINATE	50000	0	0

FACILITY	ENTRIES	UTIL.	AVE._TIME	AVAILABLE	OWNER	PEND	INTER	RETRY	DELAY
FUELL	50004	0.373	5.00	1	50004	0	0	0	0
PRUEF	50001	0.868	11.64	1	50001	0	0	0	2

QUEUE	MAX	CONT.	ENTRIES	ENTRIES(0)	AVE.CONT.	AVE.TIME	AVE.(-0)	RETRY
WARTEFUELL	7	0	50004	31377	0.14	1.84	4.95	0
VERWEILFUEL	8	1	50004	0	0.51	6.84	6.84	0
WARTEPRUEF	46	3	50003	7180	5.78	77.43	90.41	0
VERWEILPRUE	47	3	50003	583	6.65	89.06	90.11	0

Listing 6: GPSS-Report der Ergebnisse für die Faßabfüllung

4.2.4.2 SIMPLEX III

Die folgenden Werte sind das Ergebnis der Materialflußsimulation in SIMPLEX III. Für die erste Variable wurden zur Demonstration sämtliche in SIMPLEX III archivierte Werte im Listing 7 belassen. Die weiteren Variablen sind nur mit den für die Auswertung relevanten Ergebnissen abgebildet. Die Variablenbezeichnungen bestehen aus dem Observernamen, dem Namen des Modells und dem Namen der Variable. Im Falle einer Location hat der Variablenname zwei Teile, getrennt durch ein „#". Der erste Teil ist der Name der Location. Teil 2 ist der Name des aufgezeichneten Wertes.[49] Die leichte Abweichung der Daten im Vergleich zu den Ergebnissen von GPSS/PC erklärt sich aus der Tatsache, daß die tatsächliche mittlere Zwischenzeit bei der Generierung von Fässern in GPSS/PC 13,4 Sekunden beträgt, und in SIMPLEX III 13,9 Sekunden (berechnet als Quotient aus Simulationsdauer und Anzahl der generierten Fässer).

- die mittlere Warteschlangenlänge vor der Füllstation   0,10 Fässer
  (WarteS#NMean Letzter Wert)
- die mittlere Warteschlangenlänge vor der Prüfstation   4,94 Fässer
  (WarteS2#NMean Letzter Wert)
- die mittlere Wartezeit in der Warteschlange vor der Füllstation   1,43 Sekunden
  (WarteS#DWMean Letzter Wert)
- die mittlere Wartezeit in der Warteschlange vor der Prüfstation   68,81 Sekunden
  (WarteS2#DWMean Letzter Wert)
- die mittlere Verweilzeit für die Füllstation   6,43 Sekunden
  (PumpVerweil Letzter Wert dividiert durch PumpVerweil Anzahl Werte)
- die mittlere Verweilzeit für die Prüfstation   80,73 Sekunden
  (PruefVerweil Letzter Wert dividiert durch PruefVerweil Anzahl Werte)

---

[49] Für die Erklärung der Auswertungen einer Location siehe Kapitel 4.2.3 b).

```
...

    Liste der Monitorvariablen:


Wartes-Fuell#/Brauerei/WarteS#NMean

        Aufzeichnungsbeginn: 2.171300e+001

        Aufzeichungsende:    6.967175e+005

        Anzahl der Werte:    50006

        Minimum:             0.000000e+000

        Maximum:             2.265221e-001

        Letzter Wert:        1.025736e-001


Wartes-Pruef#/Brauerei/WarteS2#Nmean
...

        Letzter Wert:        4.938189e+000


Wartes-Fuell#/Brauerei/WarteS#DWMean
...

        Letzter Wert:        1.429125e+000


Wartes-Pruef#/Brauerei/WarteS2#DWMean
...

        Letzter Wert:        6.880693e+001


PumpVerweil#/Brauerei/PumpVerweil
...

        Anzahl der Werte:    50006
...

        Letzter Wert:        3.214168e+005


PruefVerweil#/Brauerei/PruefVerweil
...

        Anzahl der Werte:    50000
...

        Letzter Wert:        4.036598e+006
```

Listing 7: Simplex-Ergebnisse der Faßabfüllung

4.3 Die Klasse der Bestellsysteme

4.3.1 Beschreibung des zu simulierenden Systems[50]

Es soll ein Bestellpunktsystem mit variabler Bestellmenge simuliert werden.

Ware: Fässer mit 20 bzw. 30 Litern Fassungsvermögen

Nachfrage:

– Jeden Morgen wird die Höhe der **gesamten Tagesnachfrage** an das Lager übermittelt.
   Diese setzt sich **zu statistisch gleichen Teilen aus 20- und 30-Liter-Fässern** zusammen.

– Der Teil der Nachfrage, der nicht vom Lager bedient werden kann, geht verloren.

Bestellungen:

– Es wird täglich nach Abgang der jeweiligen Tagesnachfrage geprüft, ob der Disponible
   Bestand[51] den **Bestellpunkt** unterschritten hat.

– Ist das der Fall, so wird eine Bestellung ausgelöst.

– Dabei wird der Disponible Bestand bis zum **Maximalen Sollbestand** aufgefüllt, und die
   offenen Bestellungen werden um die Tagesbestellung erhöht.

Anlieferung:

– Nach **5 Tagen Lieferzeit** trifft eine Bestellung ein. Die angelieferten Fässer haben
   wiederum zu jeweils statistisch 50 Prozent 20 bzw. 30 Liter Volumen.

Bestellpunkt	510
Maximaler Sollbestand	1000
mittlere Tagesnachfrage	50 - 150 gleichverteilt
Lieferzeit	5 Tage

Tabelle 1: Eckdaten des Bestellsystems

---

[50] Angelehnt an eine Examensklausur im Fach Logistik an der Universität Bamberg aus dem
   Sommersemester 1997 (siehe Anhang 11).

[51] In diesem Fall gilt: Disponibler Bestand = Lagerbestand + offene Bestellungen.

Auswertung: Die folgenden Daten sind zu berechnen:

– der mittlere Lagerbestand

– die mittlere Verweildauer der Fässer im Lager

– die gesamte Fehlmenge

– die Zahl der Bestellungen.

– Es sind 1000 Tage zu modellieren.

4.3.2 GPSS/PC

a) Konstrukte

Viele der Konstrukte, die schon mit Hilfe der Materialflußsimulation vorgestellt wurden, finden auch bei anderen Simulationsklassen - wie den Bestellsystemen - Anwendung. Diejenigen Konstrukte, die für Berechnungen und Funktionsdefinitionen benötigt werden, sollen hier vorgestellt werden. Außerdem wird gezeigt, daß eine Transaktion verschiedene Sachverhalte aus der realen Welt darstellen kann. Die vollständigen Modelle zur Lösung der Bestellsystemaufgabe in GPSS/PC sind in Anhang 6 und 7 zu finden.

Zur Speicherung von Werten, wie der Fehlmenge aus dem Bestellsystem, sind **global zugängliche Variablen** nötig. Die Parameter einer Transaktion sind aufgrund ihrer lokalen Gültigkeit zu diesem Zweck nicht geeignet. Zeile 1120 aus Listing 8 zeigt die Nutzung des SAVEVALUE-Blocks zu diesem Zweck. Diese Zeile zeigt auch die einfachste Möglichkeit, in GPSS/PC **Rechenoperationen** durchzuführen. Sowohl der ASSIGN- als auch der SAVEVALUE-Block sind in der Lage, Additionen und Subtraktionen durchzuführen. Multiplikation und Division ist jedoch nicht möglich.

Die im Bestellsystemmodell zu simulierenden **Fässer** besitzen als Parameter das Faßvolumen (lokale Variable). Aus diesem Grunde werden sie **als Transaktionen modelliert**. Die in Zeile 40 angekommene Transaktion bestimmt später das Ende des Simulationslaufs. Sie stellt die Uhr der Simulation dar. In Zeile 40 generiert sie 1000

„Kinder-" Transaktionen.[52] Diese wiederum sind das Äquivalent zu Fässern im modellierten Lager. Wie schon aus der Materialflußsimulation bekannt, bekommen die Fässer ab Zeile 80 in einem Parameter ihre Faßgröße zugeteilt. In Zeile 120 werden diese Transaktionen aus dem aktiven Simulationslauf herausgenommen. Sie werden in eine USER CHAIN gestellt, die das Lager darstellt.

```
...
40          SPLIT       1000 INSLAGER    ;Lager fuellen
50          ADVANCE     X$TAGE
60          GATE LS     TAGENDE          ;sicherstellen, dass fuer letzten Tag
                                         ;komplett die Simulation durchlaeuft
70          TERMINATE   1
80 INSLAGER TRANSFER    .5 GROSS         ;50 Prozent Wahrscheinlichkeit
                                         ; f. kleines/grosses Fass
90          ASSIGN      3 2              ;kleines Fass
100         TRANSFER    ,BEIDE
110 GROSS   ASSIGN      3 3              ;grosses Fass
120 BEIDE   LINK        LAGER P3
130 ZURUECK TRANSFER    ,ENDE2
...
1070        UNLINK      LAGER ZURUECK P1 ;kleine Faesser von vorne
...
1120        SAVEVALUE   FEHL+ P1         ;Fehlmengenzaehler
...
9000        GENERATE    ,,,1             ;sicherstellen, dass fuer letzten Tag
                                         ;komplett die Simulation durchlaeuft
9010        TEST LE     X$COUNTDOWN 0
9020        LOGIC S     TAGENDE          ;beendet Simulation
9030        TERMINATE
10000 DISPO VARIABLE    CH$LAGER+X$OFFEN ;Disponibler Bestand
10010 BESTELLM VARIABLE 1000-V$DISPO     ;variable Bestellmenge
10020 HALB  VARIABLE    X$PARA1/2        ;Faesserzahl halbieren
10030 REST  VARIABLE    X$PARA1@2        ;bei ungerader Faesserzahl
                                         ;Abrundung ausgleichen
10040 NACHFRA FUNCTION  RN1 C3           ;taegl. Nachfrage nach Faessern
0,50/0.5,100/1,150
```

Listing 8: Konstrukte aus dem Bestellsystembeispiel in GPSS/PC

---

[52] Ein SPLIT-Block generiert die in Parameter A festgelegte Zahl von neuen Transaktionen aus jeder Transaktion, die diesen Block betritt. Die ursprüngliche Transaktion bleibt erhalten. Alle neuen Transaktionen werden Kinder der alten Transaktion genannt, und besitzen mit der ursprünglichen Transaktion identische Parameter(werte).

Anhang 7 zeigt die gleiche Simulation mit der Abweichung, daß Fässer nicht durch Transaktionen dargestellt werden, sondern durch den Inhalt einer **Storage**. Der Unterschied zur Version aus Anhang 6 ist, daß die Fässer in einer Storage keine Parameter besitzen können. Die Beachtung der Faßgrößen ist also in der zweiten Variante des GPSS/PC-Modells nicht implementiert. Zeile 1070 zeigt den UNLINK-Block, der die in Parameter 1 der ihn betretenden Transaktion festgelegte Zahl von Fässern (Transaktionen) aus der USER CHAIN zurück in den Simulationslauf bringt.

Das vorliegende Modell besteht aus mehreren Strängen. Dies führt hier dazu, daß **nicht** ohne weiteres **sichergestellt** ist, **daß** die am letzten **zu simulierenden Tag durchzuführenden Aufgaben** vor Ende der Simulation beendet sind. Zu diesem Zweck wird die Konstruktion der Zeilen 9000 bis 9030 eingefügt. Sie demonstriert die Abstimmung zwischen verschiedenen Strängen mittels eines sogenannten Logicswitch. Dieser wird häufig für die Koordination von Ereignissen benötigt.

In GPSS/PC lassen sich **Funktionsverläufe** über Stützstellen **definieren**. Die Funktionsdefinition enthält Wertepaare (X,Y) als Stützstellen. Argument 1 der Definition legt die Quelle der Eingabewerte fest. Als Eingabe- oder X-Werte sind beliebige Attribute des Modells möglich.
Die wichtigsten Varianten des FUNCTION-Konstrukts sind die diskrete bzw. kontinuierliche Funktionsdefinition. Die Art der Funktion sowie die Anzahl der Stützstellen werden in Argument 2 der Definition bestimmt. Im Fall einer diskreten Definition werden die X-Werte der Wertepaare durchsucht, bis der erste gleich große oder größere Wert gefunden wird. Der zugehörige Y-Wert wird ausgegeben. „If used in a function modifier, the double precision result is taken. Otherwise, it is truncated to an integer and returned as the result of the evaluation of the function."[53] Bei kontinuierlicher Funktionsdefinition wird das Ergebnis mittels linearer Interpolation zwischen dem letzten zu kleinen und dem ersten zu großen Wert gefunden.

---

[53] Minuteman Software (GPSS/PC, 1986), S. 7-13.

Neben den beiden vorgestellten Varianten sind auch noch Attribute oder Listen bei der Funktionsdefinition möglich. Die Besprechung der Spezialitäten dieser Fälle würde an dieser Stelle zu weit führen. Festzuhalten bleibt lediglich, daß es sich bei dem FUNCTION-Konstrukt um ein sehr vielfältiges Werkzeug für Modellbeschreibungen handelt.[54]

Komplexe **mathematische Funktionen** sind in GPSS/PC definierbar. Diesem Zweck dient das VARIABLE[55]-Konstrukt. Die Zeilen 10000 bis 10030 von Listing 8 geben einfache Beispiele für die Nutzung. Bei Zeile 10030 handelt es sich um eine Modulo-Division. Es sind jedoch auch weit komplexere Funktionen modellierbar. So stehen Sinus, Kosinus, Tangens, Wurzel und Logarithmus für Berechnungen zur Verfügung.

b) Kennzahlen

Mit den unter a) beschriebenen Konstrukten sind weniger Kennzahlen verbunden, als dies bei den Blöcken aus Kapitel 4.2.2 a) der Fall ist. In der Standardausgabedatei wird nur der **letzte Wert** (vom Ende des Laufs) für eine globale Variable (SAVEVALUE) gespeichert.

Ein Logicswitch, wie er für die Sicherstellung des kompletten Durchlaufs des letzten Tages benötigt wird, speichert ebenfalls nur seinen **Zustand am Ende des Simulationslaufs.**

Die Beschreibung der Kennzahlen von USER CHAINS und STORAGES wurde schon in Kapitel 4.2.2 b) vorgenommen.

---

[54] Mit Hilfe von Zufallsgeneratoren als Lieferanten der Eingabewerte sind mittels dieses Konstrukts sogar beliebige Zufallsverteilungen modellierbar. Die im GPSS/PC- Lieferumfang enthaltene Definition einer Exponentialverteilung nutzt die vorgestellte Methode.

[55] Im Falle einer Funktionsdefinition mittels VARIABLE werden alle Zwischenergebnisse zu ganzen Zahlen abgeschnitten. Ist dies nicht erwünscht, so bietet sich das FVARIABLE-Konstrukt an. Hier wird erst das Endergebnis wieder zu einer ganzen Zahl abgeschnitten. Eine dritte Variante, BVARIABLE, hat nur die Ausgabewerte 0 oder 1. Diese gibt den Wert 0 aus, wenn das Ergebnis der Berechnung 0 ist. Ist dies nicht der Fall, wird 1 ausgegeben.

Eine beliebige Anzahl von **Zufallszahlengeneratoren** gehört ebenfalls zu den von GPSS/PC zur Verfügung gestellten mathematischen Verfahren. Möglichkeiten zur **Differentialrechnung** sind **nicht implementiert**.

Zur Überprüfung der korrekten Arbeitsweise von Variablen- und Funktionsbeschreibungen sind das **Blocks-Fenster und die Microwindows** wichtig. In einem Microwindow können **beliebige Attribute** der Simulation **dargestellt** werden. Die Ziffern neben den Blocksymbolen stellen alternativ den ENTRY_COUNT oder den CURRENT_COUNT (Erklärung siehe Kapitel 4.2.2 b)) der Blöcke dar. Ein Blocks-Window mit CURRENT_COUNT-Angabe und vier Microwindows zeigt Abbildung 13.

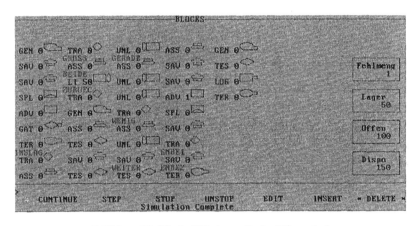

Abbildung 13: Blocks-Window mit vier Microwindows

4.3.3 SIMPLEX III

a) Konstrukte

Die Konstrukte der Simplex-Modellierungssprache sind sehr viel **abstrakter**, als die von GPSS/PC. Die Bestellsystemsimulation nutzt jedoch noch ein Konstrukt, das sehr viel Ähnlichkeit mit dem Logicswitch aus GPSS/PC hat. Ein TRANSITION INDICATOR läßt sich an beliebiger Stelle in einem Modell einschalten. An anderer Stelle kann dann der Zustand dieses Indikators abgefragt werden.

Das Codefragment aus Listing 9 demonstriert die Funktionsweise. Das schon weiter oben vorgestellte WHENEVER-Konstrukt schaltet den Indikator „FassErzeugen" so lange **immer wieder**, wie die dazugehörige Bedingung wahr ist. Im Gegensatz dazu schaltet das ON-Konstrukt immer nur dann **einmal**, wenn die korrespondierende Bedingung wahr wird (vergleichbar mit der WHEN-Bedingung herkömmlicher Programmiersprachen).

```
...
TRANSITION INDICATORS
    FassErzeugen,  #Indikator fuer Generierung der ersten 1000 Faesser
...
DYNAMIC BEHAVIOUR
#Initialisierung des Lagers mit 1000 Faessern
    WHENEVER index < 999 DO          #So lange der Index nicht bei
                                     #999 ange-
        SIGNAL FassErzeugen;         #kommen ist, wird jeweils ein
                                     #weiteres
    END                              #Fass generiert.
    ON FassErzeugen DO
        index^       := index + 1;   #Fuer jedes Fass den Index
                                     #erhoehen
        Lager^       : ADD 1 NEW Fass #Generierung eines Fasses
        CHANGING
            FGroesse^ := 10 * Groesse; #Fuer jedes einzelne Fass wird
        END                          #die Groesse zufaellig bestimmt
    END
...
#Berechnung der Bestellmenge bis zum maximalen Sollbestand
    Bestellm := 1000 - Dispo;
```

Listing 9: Transition Indicator und Schleife in SIMPLEX-MDL

Auf der Seite der mathematischen Möglichkeiten demonstriert Listing 9 ebenfalls den Gebrauch **algebraischer Gleichungen** anhand der Bestellmenge. Solche Gleichungen arbeiten wie Definitionen. Die Ergebnisse stehen unabhängig von der Taktfortschaltung immer zur Verfügung. Aus diesem Grund fehlt im Gegensatz zu sonstigen Zuweisungen das „^" am Ende der empfangenden Variable.

Funktionsdefinitionen sind in SIMPLEX III durch Angabe von **Differentialgleichungen** möglich. Die implementierten mathematischen Fähigkeiten gehen wesentlich über die GPSS-Functions und -Variables hinaus.

Auch die SIMPLEX III-Version des Bestellsystems wurde in zwei Varianten erstellt. **Version 1** in Anhang 8 modelliert die **Fässer als Mobile Komponenten**, wie sie aus der Materialflußsimulation bekannt sind. In der **Version 2** aus Anhang 9 wird demonstriert, wie das Modell **ohne Mobile Komponenten** abzubilden ist. Genau wie in GPSS/PC entfällt dafür die Unterscheidung der Faßgrößen. Auffällig ist ein Unterschied zwischen der GPSS/PC- und der SIMPLEX III-Version. In Zeile 2040 des GPSS/PC-Modells aus Anhang 7 wartet die eine Bestellung darstellende Transaktion 5 Tage (Advance), bevor die bestellten Fässer ausgeliefert werden. Diese Möglichkeit besteht in SIMPLEX III nicht. Stattdessen wird ein **zweidimensionales Feld** aus Variablen zur Aufnahme der offenen Bestellungen aufgebaut (siehe Listing 10). Dieses besteht in der ersten Dimension aus fünf, in der zweiten Dimension aus zwei Feldern. Damit können gleichzeitig bis zu fünf offene Bestellungen gespeichert werden. In der derzeitigen Parameterbelegung gibt es jedoch nie mehr als eine offene Bestellung. Das erste Feld in der zweiten Dimension nimmt den Tag der Auslieferung auf, während im zweiten Feld die Zahl der bestellten Fässer gespeichert wird.

Diese Methode der Speicherung von offenen Bestellungen ist in GPSS/PC ebenfalls möglich. Sie wäre jedoch deutlich komplexer als die hier vorgenommene Speicherung in Transaktionsvariablen. Ein mehrdimensionales Feld wird in GPSS/PC MATRIX genannt und hat immer zwei Dimensionen. Im Gegensatz dazu kann ein ARRAY in SIMPLEX III **bis zu drei Dimensionen** haben.

```
STATE VARIABLES
  DISCRETE
...
  ARRAY [5] [2] Offen (REAL):= 10000,#max. 5 offene Bestellungen
...
DYNAMIC BEHAVIOUR
  ON START DO
    Offen[1] [2]^ := 0;              #Y-Koordinate auf 0 setzen,
    Offen[2] [2]^ := 0;              #damit für die Bestellung
                                     #festgestellt
    Offen[3] [2]^ := 0;              #werden kann, welche der
                                     #Variablen des
    Offen[4] [2]^ := 0;              #Arrays zur Aufnahme offener
                                     #Bestellungen leer sind
    Offen[5] [2]^ := 0;
  END
...
```

Listing 10: Definition und Nutzung eines zweidimensionalen Feldes

Schließlich bietet SIMPLEX III noch eine Vielzahl von **Schleifenkonstrukten und Bedingungsabfragen**, wie IF - ELSIF - ELSE für die Abfrage von alternativen Bedingungen, sowie FOR- und WHILE-Schleifen. Die Funktionsweise dieser Befehle kann in Anhang 8 und 9 nur ansatzweise demonstriert werden, da mit ihrer Hilfe sehr komplexe Modelle beschrieben werden können.

b) Kennzahlen

Schleifen und Bedingungen sind Konstrukte zur Steuerung des Modellverhaltens. Sie produzieren keine Kennzahlen, die aufgenommen werden könnten. Variablen und Funktionen, welche oft Bestandteil von Bedingungen sind, produzieren sehr wohl aufzeichenbare Werte. Die Benutzung von **Observern** für deren Aufzeichnung unterscheidet sich jedoch nicht von der in Kapitel 4.2.3 demonstrierten Methode.

Ein Transition Indicator (siehe Kapitel 4.3.3 a))hat den Wert 1, wenn er geschaltet ist. Ansonsten ist sein Wert 0. Die Veränderung solcher Indikatoren läßt sich ebenfalls mit Hilfe eines Observers aufzeichnen.

Die beiden vorgestellten Konstrukte zeigen, daß der **Observer ein universelles Aufzeichnungsinstrument** ist. Er arbeitet unabhängig von der Herkunft der aufzuzeichnenden Werte.

4.3.4 Ergebnis

Auch für die Bestellsystemsimulation werden hier die Ergebnisse der beiden Simulatoren gegenübergestellt.

4.3.4.1 GPSS/PC

Listing 11 zeigt einen Auszug aus der Reportdatei zur Bestellsystemsimulation. Daraus sind die folgenden Ergebnisse für die Simulation zu entnehmen:

- der mittlere Lagerbestand   583,18 Fässer
  (AVE.CONT von LAGER)
- die mittlere Verweildauer der Fässer im Lager   6,06 Tage
  (AVE.TIME von LAGER)
- die gesamte Fehlmenge   3732 Fässer
  (VALUE von FEHL)
- die Zahl der Bestellungen.   131 Bestellungen
  (ENTRY_COUNT Zeile 2010).

START_TIME	END_TIME	BLOCKS	FACILITIES	STORAGES	FREE_MEMORY
0	1001	40	0	0	29312

...

2010	28		ASSIGN	131		0	0

...

USER_CHAIN	CHAIN_SIZE	RETRY	AVE.CONT	ENTRIES	MAX	AVE.TIME
LAGER	130	0	583.18	96286	1614	6.06

LOGICSWITCH	VALUE	RETRY
TAGENDE	1	0

SAVEVALUE	VALUE	RETRY
TAGE	+1000	0
COUNTDOWN	+0	0
PARA1	+120	0
FEHL	+3732	0
OFFEN	+494	0

Listing 11: Auszug aus der Standardausgabedatei von GPSS/PC für die Bestellsystemsimulation

4.3.4.2 SIMPLEX III

In Listing 12 sind die entscheidenden Zeilen aus der Ausgabe der SIMPLEX III-Bestellsystemsimulation abgebildet. Die daraus abzulesenden Ergebnisse sind:

- der mittlere Lagerbestand   313,26 Fässer
  (Lager#NMean Letzter Wert)
- die mittlere Verweildauer der Fässer im Lager   3,44 Tage
  (Lager#DWMean Letzter Wert)
- die gesamte Fehlmenge   9103 Fässer
  (Fehlmenge Letzter Wert)
- die Zahl der Bestellungen.   166 Bestellungen
  (Bestellung Letzter Wert).

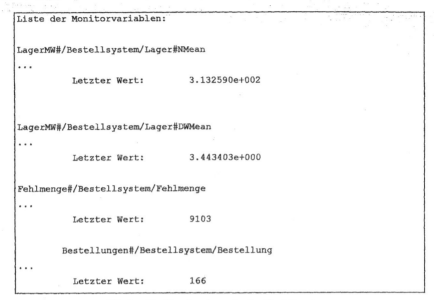

```
Liste der Monitorvariablen:


LagerMW#/Bestellsystem/Lager#NMean

...

         Letzter Wert:        3.132590e+002



LagerMW#/Bestellsystem/Lager#DWMean

...

         Letzter Wert:        3.443403e+000


Fehlmenge#/Bestellsystem/Fehlmenge

...

         Letzter Wert:        9103



    Bestellungen#/Bestellsystem/Bestellung

...

         Letzter Wert:        166
```

Listing 12: Simplex-Ausgabe des Bestellsystems

Es fällt auf, daß die gesamte Fehlmenge am Ende der Simulation in SIMPLEX III sehr viel höher ist, als in GPSS/PC. Dazu passend sind die durchschnittliche Verweildauer und der durchschnittliche Lagerbestand deutlich geringer. Wenn am Tag der Anlieferung einer Bestellung der Lagerabgang vor dem -zugang stattfindet, dann ist die Fehlmenge bei gleicher Bestelltaktik deutlich höher als bei umgekehrter Reihenfolge. Es ist jedoch **in beiden Modellen** sichergestellt, daß der Abgang immer vor dem Zugang erfolgt. Bei genauerer Betrachtung zeigt sich, daß in GPSS/PC der durchschnittliche Lagerabgang pro Tag niedriger als in SIMPLEX III ausfällt. Diese Tatsache ist für die Differenz in den Ergebnissen verantwortlich.

5 Bewertung und Zusammenfassung des Vergleichs

5.1 Bewertung der Kriterien

In den bisherigen Kapiteln wurden anhand des ausgearbeiteten Kriterienkatalogs die Möglichkeiten vorgestellt, welche die beiden Simulatoren jeweils bieten. **Als nächster Schritt sollen die beschriebenen Möglichkeiten bewertet** werden.

In einer konkreten Entscheidungssituation bietet sich an dieser Stelle eine **Nutzwertanalyse** an. Da hier nicht der konkrete Einsatz eines der beiden Simulatoren geplant ist, **fehlen** für dieses Verfahren jedoch **essentielle Grundlagen** für Kriteriengewichtung und -bewertung. Es ist beispielsweise weder bekannt, ob vorhandene Hardware den maximalen Ressourcenbedarf einschränkt, noch kann die Wichtigkeit implementierter statistischer Verfahren beurteilt werden.

Um trotzdem eine bessere Vergleichbarkeit der Simulationssysteme zu erreichen, sollen die in den Kapiteln 3 und 4 ausgearbeiteten Eigenschaften der Simulatoren auf einer +/- **Skala** bewertet werden. Auch bei diesem Verfahren ist die Bewertung mancher Kriterien aufgrund der theoretischen Betrachtung ohne konkreten Einsatz nicht eindeutig. Tabelle 2 bietet dennoch die Möglichkeit, **die beiden Simulationsprogramme** anhand der Kriterien aus **Kapitel 2 in ein generelles besser/schlechter-Raster einzusortieren.** Die folgenden Bewertungen sollen verwendet werden:

++   sehr positiv

+   positiv

o   neutral

-       negativ

--   sehr negativ

Bewertungen in Klammern schließen geplante zukünftige Erweiterungen des Simulators mit ein.

Kosten und Service (Kapitel 2.2.1):	GPSS/PC	SIMPLEX III
Kosten für erhältliche Versionen oder Lizenzen	-	+
Konditionen für technische Unterstützung, Wartungsverträge und Updates	o	+
Schulungsangebote	+	o
Hard- und Softwarevoraussetzungen	+	-
Modellerstellung (Kapitel 2.2.2):		
Methode der Modellerstellung	+	o (++)
Modularer Modellaufbau	o	++
Schnittstellen	o	o
Gleichzeitigkeit	-	+
Experimentierumgebung (Kapitel 2.2.3):		
Trennung von Modell und Experiment	-	+
Fortsetzung von Simulationsläufen	+	+
Datenhaltung zum Vergleich mehrerer Simulationsläufe	o	+
Geschwindigkeit des Simulationsablaufs	-	+
Ausgabe und Ergebnisdarstellung (Kapitel 2.2.4):		
In den Simulator eingebaute Methoden der Ergebnispräsentation	o	+
Statistische Auswerteverfahren	o	+
Darstellung des simulierten Vorgangs mittels Animation	+	-
Simulation von Materialflußsystemen (Kapitel 2.3.1):		
Konstrukte	++	++·
Kennzahlen	+	++
Simulation von Bestellsystemen (Kapitel 2.3.2):		
Konstrukte	+	++
Kennzahlen	+	++

Tabelle 2: Bewertung der Simulatoren anhand der entwickelten Kriterien

Das Ergebnis der Bewertung fällt für **SIMPLEX III insgesamt besser** aus als GPSS/PC. Es ist aber **keinesfalls** so, daß **GPSS/PC** für die heutige praktische Nut₂ **ungeeignet** wäre. Dies ist an sich schon eine erstaunliche Tatsache, macht man sich di Jahre Differenz zwischen den Anfängen der beiden Systeme bewußt.

Im folgenden sollen **exemplarisch** anhand dreier Kriterien die Bewertungen begrün werden. Das Kriterium „Schulungsangebote" aus der Gruppe „Kosten und Service" wi für GPSS/PC mit einem +, für SIMPLEX III mit einem o bewertet. Herstellerunabhän Schulungen gibt es für keines der beiden Systeme. Jedoch sind über die verschiedenen \ anten von GPSS viele Bücher geschrieben worden, die zur Einarbeitung helfen können. Das Fehlen externer Angebote für SIMPLEX III verschlechtert die Nutzbarkeit di Simulators jedoch nicht. Deshalb bekam SIMPLEX III eine neutrale Bewertung GPSS/PC im Gegensatz dazu ein leicht positives Resultat.

Für das Kriterium „Modularer Modellaufbau" der Gruppe „Modellerstellung" be GPSS/PC ein o, SIMPLEX III ein ++. GPSS-Modelle sind in mehrere Dateien und meh Stränge aufteilbar. Jedoch ist die Aufteilung auf Dateien völlig unabhängig von der Grup rung für den Durchlauf für ein Experiment. Die Verwaltung der Bausteine eines Modell dem Modellierer überlassen. Wäre die Aufteilung auf mehrere Dateien und Stränge » möglich gewesen, so hätte dies für ein negatives Abschneiden gesorgt, da für große Mo eine Aufteilbarkeit für den Erhalt des Überblicks unabdingbar ist. Letztlich besteht je durch die obligatorische Angabe der Zeilennummern die Gefahr, daß Zeilen durch Fehl der Numerierung von Zeilen aus anderen Dateien überschrieben werden. SIMPLEX III unterstützt eine Modellaufteilung in Objekte. Dies kommt der, menschli Wahrnehmung vieler Systeme sehr nahe. Außerdem ist die Verwaltung der Objekte Modelle in den Simulator integriert. Diese Art der Modellierung unterstützt optima Übersichtlichkeit, auch bei großen Projekten. Deshalb wurde SIMPLEX III für dieses K rium mit ++ bewertet.

Unter dem Punkt „Konstrukte" der Kriteriengruppe „Simulation von Materialflußsyster wurden beide Simulatoren mit ++ bewertet. Im Falle von Materialflüssen sind die ∎

strukte beider Simulatoren realen Objekten sehr ähnlich. Sowohl STORAGES, QUEUES und FACILITIES als auch MOBILE KOMPONENTEN und LOCATIONS sind in ihrer Funktionsweise der Natur nachgebildet und fast intuitiv verständlich. Für die Simulation von Materialflüssen sind beide Simulatoren sehr gut geeignet. Im Gegensatz dazu ist die Aufzeichnung von Ergebnissen über derartige Modelle mittels SIMPLEX III-Observern umfangreicher und besser steuerbar als mit den Ausgabemöglichkeiten von GPSS/PC.

5.2 Zusammenfassung unter Berücksichtigung möglicher Einsatzrestriktionen

In einer Situation, in der ein Simulationssystem eingesetzt werden soll, sind **viele Bedingungen zu beachten**. Nur den generell „besseren" Simulator auszuwählen, wird der konkreten Einsatzsituation oft nicht gerecht. In Kapitel 5.1 wurde gezeigt, daß bei allgemeiner Betrachtung SIMPLEX III besser abschneidet, dies kann in einer konkreten Einsatzsituation jedoch ganz anders sein.

Das einfachste Beispiel für eine die Entscheidung beeinflussende Restriktion bildet ein **vorhandener Computer**. Soll der Simulator auf einem Computer mit **80486 oder älterem Prozessor** eingesetzt werden, so kommt von den hier verglichenen Simulationssystemen **nur GPSS/PC in Frage**.

Auch wenn eine **Animation** des zu generierenden Modells notwendig ist, kommt zur Zeit **nur GPSS/PC** als Simulator in Frage. Mit Hilfe der Zusatzprogramme AutoCAD und GPSS/PC-Animator sind - wenn auch umständlich - größere Animationen erstellbar.

Eine weitere Möglichkeit, die nur GPSS/PC bietet, ist die **graffsche Notation**. Mit ihrer Hilfe ist nicht nur die Erstellung von Modellen auf dem Papier möglich, sondern auch die Dokumentation von Modellen und Modellskizzen. Die Diskussion über Modellabläufe - auch mit Personen ohne fundierte Simulationskenntnisse - wird durch diese grafische Darstellungsmöglichkeit wesentlich erleichtert.

Die Möglichkeit, Modelle zu modularisieren, ist in GPSS/PC weit genug ausgeprägt, um auch große Systeme übersichtlich in Modellen darstellen zu können.

Die gerade skizzierten Argumente zeigen auf, daß durchaus Einsätze denkbar sind, bei denen GPSS/PC auch heute noch der am besten geeignete Simulator ist. Im Gegensatz dazu steht, daß das Programm den Bedingungen der heutigen Windows-basierten Computer nicht mehr gerecht wird. Viele Unternehmen legen heute Wert auf die einheitliche Gestaltung der eingesetzten Programme - beispielsweise zur Minimierung von Einarbeitungszeiten.

Auf der anderen Seite hat **SIMPLEX III** Möglichkeiten, für die es bei GPSS/PC kein Äquivalent gibt. Die **Aufzeichnung von Daten** über Simulationsläufe ist **besser steuerbar**, und komplette Zeitreihen können in SIMPLEX III archiviert werden. Auch die **Automatisierung von Experimenten** mit Hilfe der Experiment Description Language ist eine sehr mächtige Funktion, die - wenn man sie nutzen möchte - den Einsatz von SIMPLEX III unabdingbar macht.

Es zeigt sich also, daß **im Regelfall beide Simulationssysteme einsetzbar** sind, wenn auch GPSS/PC aufgrund der veralteten Aufmachung als DOS-Programm heute vielfach nicht mehr den Ansprüchen eines Unternehmens gerecht wird. SIMPLEX III bietet mehr Möglichkeiten und eine bessere Verwaltung der Modelle. GPSS/PC wiederum ist kompakter und beim Ressourcenbedarf weniger anspruchsvoll. Aufgrund der vorhandenen Vielzahl von Einsatzmöglichkeiten - alleine im Bereich der Logistikplanung - **muß für jede konkrete Einsatzsituation die Entscheidung für einen der Simulatoren anhand der Möglichkeiten und Bedürfnisse neu getroffen werden.**

Anhang 1

Bier.gps:

```
10                 @C:\SOFTWARE\GPSS-S\XPDIS.GPS  ;Exponentialverteilung laden
20                 GENERATE    14 FN$XPDIS    ;Ankunftsrate 14 Sekunden
                                              ;exponentialverteilt
30                 TRANSFER    .5 GROSS       ;50% kleine/grosse Faesser
40                 ASSIGN      1 2            ;kleines Fass
50                 TRANSFER    ,BEIDE         ;zurueck zum Hauptstrang
60 GROSS           ASSIGN      1 3            ;grosses Fass
70 BEIDE           QUEUE       WARTEFUELL     ;Start von Warte- und
80                 QUEUE       VERWEILFUELL   ;Verweilzeit Fuellstation
90                 SEIZE       FUELL          ;Facility belegen
100                DEPART      WARTEFUELL     ;Ende der Wartezeit
110                TEST E      P1 2 LANG      ;Fassgroessen trennen
120                ADVANCE     4              ;kleines Fass 4 Sekunden
130                TRANSFER    ,ZUSAMMEN      ;Fuellzeit
140 LANG           ADVANCE     6              ;grosses Fass 6 Sekunden
150 ZUSAMMEN DEPART           VERWEILFUELL   ;Ende der Verweilzeit
160                RELEASE     FUELL          ;Facility freigeben
170                QUEUE       WARTEPRUEF     ;Start von Warte- und
180                QUEUE       VERWEILPRUEF   ;Verweilzeit Pruefstation
190                SEIZE       PRUEF          ;Facility belegen
200                DEPART      WARTEPRUEF     ;Ende der Wartezeit
210                ADVANCE     12 FN$XPDIS    ;Bearbeitungszeit
220                RELEASE     PRUEF          ;Facility freigeben
230                DEPART      VERWEILPRUEF   ;Ende der Verweilzeit
240                TERMINATE   1              ;Ende
```

Anhang 2

Bier-u.gps:

```
10                @C:\SOFTWARE\GPSS-S\XPDIS.GPS  ;Simulation identisch mit
20                GENERATE    14 FN$XPDIS         ;der aus Anhang 1, aber
30                TRANSFER    .5 GROSS            ;aufgeteilt auf zwei Dateien
50                TRANSFER    ,BEIDE              ;Bier-u.gps beinhaltet die
70 BEIDE          QUEUE       WARTEFUELL          ;ungeraden Zeilennummern,
90                SEIZE       FUELL               ; Bier-g.gps die geraden.
110               TEST E      P1 2 LANG           ;Zeile 20 ist in beiden
130               TRANSFER    ,ZUSAMMEN           ;Dateien vorhanden.
150 ZUSAMMEN DEPART          VERWEILFUELL         ;Es gilt die Zeile 20 aus
170               QUEUE       WARTEPRUEF           ;der Datei, die als letzte
190               SEIZE       PRUEF                ;geladen wird.
210               ADVANCE     12 FN$XPDIS          ;Der (sinnvolle?) Umgang
230               DEPART      VERWEILPRUEF         ;mit dieser Art der
```

Bier-g.gps:

```
20                GENERATE    7 FN$XPDIS           ;Aufteilung ist ganz allein
40                ASSIGN      1 2                  ;dem Modellierer ueberlassen
60 GROSS          ASSIGN      1 3
80                QUEUE       VERWEILFUELL
100               DEPART      WARTEFUELL
120               ADVANCE     4
140 LANG          ADVANCE     6
160               RELEASE     FUELL
180               QUEUE       VERWEILPRUEF
200               DEPART      WARTEPRUEF
220               RELEASE     PRUEF
240               TERMINATE   1
```

Anhang 3

Bier-obj.gps:

```
; "Objekt" Quelle
10          @XPDIS.GPS                      ;Aufteilung der Simulation
20          GENERATE    14 FN$XPDIS         ;in Objekte.
30          SAVEVALUE   1+ 1                ;Uebergabe von Faessern an
                                            ;Fuellstation
40          TERMINATE


; "Objekt" Fuellstation. Diese Methode der Trennung
310         GENERATE    ,,,1                ;ist unabhängig von der
                                            ;Aufteilung auf mehrere
                                            ;Dateien
320 RUECK   TEST GE     X1 1                ;Test, ob neues Fass
                                            ;generiert wurde
330         SAVEVALUE   1- 1
340         SPLIT       1 RUECK
350         TRANSFER    .5 GROSS
360         ASSIGN      1 2         ; 20 Liter-Fass
370         TRANSFER    ,BEIDE
380 GROSS   ASSIGN      1 3         ; 30 Liter-Fass
390 BEIDE   QUEUE       WARTEFUELL
400         QUEUE       VERWEILFUELL
410         SEIZE       FUELL
420         DEPART      WARTEFUELL
430         TEST E      P1 2 LANG
440         ADVANCE     4           ; Fuellzeitz kleines Fass
450         TRANSFER    ,ZUSAMMEN               .
460 LANG    ADVANCE     6           ; Fuellzeit grosses Fass
470 ZUSAMMEN DEPART     VERWEILFUELL
480         RELEASE     FUELL
490         SAVEVALUE   2+ 1        ; Uebergabe von Faessern an
Pruefstation
500         TERMINATE


; "objekt" Pruefstation
610         GENERATE    ,,,1
620 RUECK2  TEST GE     X2 1        ; Test, ob ein neues Fass gefuellt
wurde
```

```
630    SAVEVALUE    2- 1
640    SPLIT        1 RUECK2
650    QUEUE        WARTEPRUEF
660    QUEUE        VERWEILPRUEF
670    SEIZE        PRUEF
680    DEPART       WARTEPRUEF
690    ADVANCE      12 FN$XPDIS
700    RELEASE      PRUEF
710    DEPART       VERWEILPRUEF
720    TERMINATE    1
```

Anhang 4

Brauerei.mdl:

```
BASIC COMPONENT Brauerei


MOBILE SUBCOMPONENT OF CLASS Fass


DECLARATION OF ELEMENTS


CONSTANT
    MAXCOUNT(INTEGER) := 50000      #Anzahl Faesser bis Programmende


STATE VARIABLES
DISCRETE
    TAnkunft(REAL)       := 0,      #Tageweises Vorwaertsschalten
    TArbeitFuell(REAL) := 0,        #Arbeitszeit fuer Fuell- bzw. Pruef-
    TArbeitPruef(REAL) := 0,        #vorgang, abhaengig von Fassgroesse
    PumpVerweil(REAL)  := 0,        #Verweilzeit Pumpwarteschlange + -
                                    #station
    PruefVerweil(REAL) := 0,        #Verweilzeit Pruefwarteschl. + -
                                    #station
    Transcount(INTEGER):= 0         #Zaehler fuer Programmende bei
                                    #MAXCOUNT Faessern


RANDOM VARIABLES
    Ankunft(REAL) : EXPO (Mean := 14),  #Exponentialverteilte Zwischen-
                                        #ankunftszeit
    #Gleichverteilte Fassgroesse
    Groesse(INTEGER) : IUNIFORM (LowLimit := 2, UpLimit := 3),
    Pruef(REAL) : EXPO (Mean := 12)     #Exponentialverteilte Zwischen-
                                        #zeiten fuer Fasspruefung


LOCATIONS
    WarteS (Fass) := 0 Fass, #Warteschlange vor der Pumpstation
    PumpS  (Fass) := 0 Fass, #Pumpstation
    PruefS (Fass) := 0 Fass, #Pruefstation
    WarteS2(Fass) := 0 Fass, #Warteschlange vor der Pruefstation
    Sink   (Fass) := 0 Fass  #Senke fuer volle Faesser


DYNAMIC BEHAVIOUR
```

```
#Vorbelegung, damit das erste Fass nicht in der ersten Sekunde
#der Simulation generiert wird
ON START DO
   TAnkunft^ := T + Ankunft;
END


#Anlieferung leerer Faesser in die Fuellstation-Warteschlange
WHENEVER T >= TAnkunft AND T > 0 DO
   TAnkunft^ := T + Ankunft;      #Ankunftszeitpunkt naechstes Fass
   WarteS^ : ADD 1 NEW Fass       #Fass generieren
   CHANGING
      FGroesse^   := 10 * Groesse;    #Fassgroesse festlegen
      FTimestamp^ := T;               #Mit aktueller Zeit stempeln
                                      #zur Berechnung von Wartezei
   END

END


#Fuellen des Fasses
WHENEVER (NUMBER(PumpS)=0) AND (NUMBER(WarteS)>0) DO
   PumpS^ : FROM WarteS GET Fass[1];
   TArbeitFuell^ := T + 0.2 * WarteS:Fass[1].FGroesse;
END


#Fuellen Ende
WHENEVER (NUMBER(PumpS)>0) AND T > TArbeitFuell DO  #Wenn Fass vo
   PumpS^ : TO WarteS2 SEND Fass[1]   #dann Fuellstation verlassen
   CHANGING
      FTimestamp^ := T;     #Zur Berechnung der Wartezeit in Warte
   END
   #Berechnung der Verweilzeit in Pumpstation fuer aktuelles Fass
   PumpVerweil^ := PumpVerweil + (T - PumpS:Fass[1].FTimestamp);
END


#Fass in Pruefstation ueberfuehren, wenn Pruefstation leer ist
WHENEVER (NUMBER(WarteS2)>0) AND (NUMBER(PruefS)=0) DO
   TArbeitPruef^ := T + Pruef;   #Zeitpunkt fuer Ende des
                                 #Pruefvorgangs festlegen
   PruefS^ : FROM WarteS2 GET Fass[1];  #Fass aus WarteS2 entferne
END
```

```
#Ende des Pruefvorgangs
WHENEVER T >= TArbeitPruef AND (NUMBER(PruefS)>0) DO
   PruefS^ : TO Sink SEND Fass[1];
   Transcount^ := Transcount + 1; #Fasszaehler fuer Simulationsende
   #Berechnung der Verweilzeit in der Pruefstation
   PruefVerweil^ := PruefVerweil + (T - PruefS:Fass[1].FTimestamp);
END


#Vernichtung der Faesser, um den Speicherplatz freizugeben
WHENEVER NUMBER(Sink) >= 4 DO    #Zahl 4 ist frei gewaehlt
   Sink^ : REMOVE Fass{ALL};
END


#Programmende nach MAXCOUNT Faessern
ON ^Transcount >= MAXCOUNT^ DO
   SIGNAL STOP;
END


END OF Brauerei
```

Fass.mdl:

```
MOBILE COMPONENT Fass          #Definition des Fasses als Mobile
DECLARATION OF ELEMENTS        #Komponente.
   STATE VARIABLES
   DISCRETE
      FTimestamp(REAL)   := 0,    #Eintrittszeit Pumpe bzw. Pruef
      FGroesse(INTEGER)  := 10    #Liter
END OF Fass
```

Anhang 5

Brauerei2.mdl:

```
HIGH LEVEL COMPONENT Brauerei2     #Die Fassabfuellung wurde in mehrere
                                   #Objekte aufgeteilt. Diese
SUBCOMPONENTS                      #Komponente fuegt die einzelnen
   Quelle,                         #Objekte zu einer Modellbeschreibung
   PumpS,                          #zusammen und regelt die
   PruefS                          # Datenverbindungen zwischen den
                                   #Komponenten
COMPONENT CONNECTIONS
   Quelle.FQuelle --> PumpS.Quelle;     #Angekommenes Fass wird
                                        #signalisiert
   PumpS.Pumpe --> PruefS.Pumpe;        #Uebergabe des Fasses
   PumpS.FASS_VOLL --> PruefS.FASS_VOLL; #Signal, wenn Fass voll


END OF Brauerei2
```

Fass.mdl:

```
MOBILE COMPONENT Fass
DECLARATION OF ELEMENTS
   STATE VARIABLES
   DISCRETE
      FTimestamp(REAL)   := 0,          #Eintrittszeit Pumpe bzw. Pruef
      FGroesse(INTEGER) := 10           #Liter
END OF Fass
```

Quelle.mdl:

```
BASIC COMPONENT Quelle     #Fassquelle, welche die Generierung von
                           #Faessern in zufaelligem Abstand vornimmt


MOBILE SUBCOMPONENTS OF CLASS Fass


DECLARATION OF ELEMENTS


STATE VARIABLES
DISCRETE
   TAnkunft(REAL)   := 0
```

```
RANDOM VARIABLES
   Ankunft(REAL) : EXPO (Mean := 14),
   Groesse(INTEGER) : IUNIFORM (LowLimit := 2, UpLimit := 3)


LOCATIONS
   FQuelle(Fass)     := 0 Fass


DYNAMIC BEHAVIOUR


   #Vorbelegung fuer erstes Fass
   ON START DO
      TAnkunft^ := T + Ankunft;
   END


   #neues Fass generieren
   WHENEVER T >= TAnkunft AND T > 0 DO
      TAnkunft^ := T + Ankunft;
      FQuelle^ : ADD 1 NEW Fass
      CHANGING
         FGroesse^    := 10 * Groesse;
         FTimestamp^ := T;
      END
   END


END OF Quelle
```

PumpS.mdl

```
BASIC COMPONENT PumpS          #Pumpstation, in der die Faesser gefuellt
                               #werden
MOBILE SUBCOMPONENTS OF CLASS Fass


DECLARATION OF ELEMENTS


STATE VARIABLES
DISCRETE
   PumpVerweil(REAL)     := 0,
   TArbeitFuell(REAL)    := 0


TRANSITION INDICATORS
   FASS_VOLL          #Signalisiert der Pruefstation, dass ein gefuelltes
```

```
                                 #Fass vorliegt
LOCATIONS
    WarteS(Fass)             := 0 Fass,        #Warteschlange vor Pumpstation
    Pumpe(Fass)              := 0 Fass         #Pumpstation


SENSOR LOCATIONS
    Quelle (Fass)      #Uebergabepunkt fuer Fass aus der Fassquelle



DYNAMIC BEHAVIOUR


    WHENEVER (NUMBER(Quelle) > 0) DO
        WarteS^ : FROM Quelle GET Fass[1]   #Generiertes Fass in
                                            #Warteschlange einreihen
        CHANGING
            FTimestamp^    := T;     #Fass mit Ankunftszeitpunkt stempeln
        END
    END


    #Wenn Pumpstation leer und Fass in Warteschlange, dann Fass
    #aus WarteS in Pumpe ueberfuehren
    WHENEVER (NUMBER(Pumpe) = 0) AND (NUMBER(WarteS) > 0) DO
        Pumpe^ : FROM WarteS GET Fass[1];
        TArbeitFuell^      := T + 0.2 * WarteS:Fass[1].FGroesse;
    END


    #Fass ist komplett gefuellt, Signal an Pruefstation
    ON ^(NUMBER(Pumpe)>0) AND (T > TArbeitFuell)^ DO
        SIGNAL FASS_VOLL;
        PumpVerweil^       := PumpVerweil + (T - Pumpe:Fass[1].FTimestamp);
    END


END OF PumpS


PruefS.mdl
BASIC COMPONENT PruefS        #Pruefstation


MOBILE SUBCOMPONENTS OF CLASS Fass


DECLARATION OF ELEMENTS
```

```
CONSTANT
    MAXCOUNT(INTEGER) := 50000    #Anzahl Faesser bis Programmende


STATE VARIABLES
DISCRETE
    TArbeitPruef(REAL)    := 0, #Jeweils naechstes Ende der Pruefung
    PruefVerweil(REAL)    := 0, #Verweilzeit Pruefwarteschl. + -station
    Transcount(INTEGER)   := 0  #Zaehler fuer Programmende bei MAXCOUNT
                                #Faessern


RANDOM VARIABLES
    Pruef(REAL) : EXPO (Mean := 12)


SENSOR INDICATORS
    FASS_VOLL     #Signaluebergabe fuer volles Fass von der
                  #Fuellstation


LOCATIONS
    WarteS(Fass)     := 0 Fass,  #Warteschlange
    Pruefer(Fass)    := 0 Fass,  #Pruefstation
    Sink(Fass)       := 0 Fass   #Senke fuer fertige Faesser


SENSOR LOCATIONS
    Pumpe(Fass)      := 0 Fass   #Uebergabepunkt voller Faesser


DYNAMIC BEHAVIOUR


    #Wenn ein volles Fass von der Fuellstation angezeigt wird,
    #ueberstellen in die Warteschlange
    ON FASS_VOLL DO
        WarteS^ : FROM Pumpe GET Fass[1]
        CHANGING
            FTimestamp^ := T;   #Aktueller Zeitstempel
        END
    END


    #Wenn Pruefstation leer und Fass in der Warteschlange, dann
    #Fass an Pruefstation ueberstellen
    WHENEVER (NUMBER(Pruefer) = 0) AND (NUMBER(WarteS) > 0) DO
        Pruefer^ : FROM WarteS GET Fass[1];
        TArbeitPruef^ := T + Pruef; #Endezeitpunkt fuer Pruefvorgang
```

```
END


# Pruefvorgang beendet
WHENEVER (T >= TArbeitPruef) AND (NUMBER(Pruefer)>0) DO
    Pruefer^ : TO Sink SEND Fass[1];
    Transcount^ := Transcount + 1;    #Zaehler fuer Programmende
    PruefVerweil^ := PruefVerweil + (T - Pruefer:Fass[1].FTimestamp);
END


#Faesser vernichten
WHENEVER NUMBER(Sink) >= 4 DO
    Sink^ : REMOVE Fass{ALL};
END


#Programmende nach MAXCOUNT Faessern
ON ^Transcount >= MAXCOUNT^ DO
    SIGNAL STOP;
END


END OF PruefS
```

Anhang 6

Bestell1.gps

```
10          GENERATE    ,,,1          ;Initialisierung und Uhr
20          SAVEVALUE   TAGE 1000
30          SAVEVALUE   COUNTDOWN X$TAGE ;sicherstellen, dass fuer
                                      ;letzten Tag
                                      ;komplett die Simulation
                                      ;durchlaeuft
40          SPLIT       1000 INSLAGER ;Lager fuellen
50          ADVANCE     X$TAGE
60          GATE LS     TAGENDE       ;sicherstellen, dass fuer
                                      ;letzten Tag
                                      ;komplett die Simulation
                                      ;durchlaeuft
70          TERMINATE   1
80 INSLAGER TRANSFER    .5 GROSS      ;50 Prozent
                                      ;Wahrscheinlichkeit
                                      ; f. kleines/grosses Fass
90          ASSIGN      3 2           ;kleines Fass
100         TRANSFER    ,BEIDE
110 GROSS   ASSIGN      3 3           ;grosses Fass
120 BEIDE   LINK        LAGER P3
130 ZURUECK TRANSFER    ,ENDE2
1000        GENERATE    1             ;1 Transaktion fuer 1 Tag
1010        ASSIGN      1 FN$NACHFRA  ;Nachfrage bestimmen
1020        TEST GE     CH$LAGER P1 WENIG ;genug auf Lager?
1030        SAVEVALUE   PARA1 P1      ;fuer Berechnung von V$HALB
                                      ;u. V$REST.
1040        TEST NE     V$REST 0 GERADE ;Abrundung ausgleichen
1050        UNLINK      LAGER ZURUECK 1 ;immer kleines Fass,
                                      ;statistisch irrelevant
1060 GERADE ASSIGN      1 V$HALB      ;50% kleine bzw. grosse
                                      ;Faesser
1070        UNLINK      LAGER ZURUECK P1 ;kleine Faesser von vorne
1080        UNLINK      LAGER ZURUECK P1 BACK ;grosse Faesser von
                                      ;hinten
1090        TRANSFER    ,WEITER
1100 WENIG  ASSIGN      1- CH$LAGER   ;zu wenig auf Lager
1110        UNLINK      LAGER ZURUECK ALL ;Lager komplett leeren
```

```
1120              SAVEVALUE      FEHL+ P1           ;Fehlmengenzaehler
2000 WEITER TEST LE             V$DISPO 510 ENDE1  ;Bestellung noetig?
2010              ASSIGN        2 V$BESTELLM        ;variable Bestellmenge
                                                   ;berechnen
2020              SAVEVALUE      OFFEN+ P2          ;Zahl offener Bestellungen
                                                   ;erhoehen
2030              SAVEVALUE      COUNTDOWN- 1       ;Tag beendet
2040              ADVANCE        5                  ;5 Tage Lieferzeit
2050              SPLIT          P2 INSLAGER        ;"P2" Faesser ins Lager
2060              SAVEVALUE      OFFEN- P2          ;offene Bestellungen
                                                   ;vermindern
2070              TRANSFER       ,ENDE2
2080 ENDE1  SAVEVALUE           COUNTDOWN- 1       ;Tag beendet
2090 ENDE2  TERMINATE
9000              GENERATE       ,,,1               ;sicherstellen, dass fuer
                                                   ;letzten Tag
                                                   ;komplett die Simulation
                                                   ;durchlaeuft
9010              TEST LE        X$COUNTDOWN 0
9020              LOGIC S        TAGENDE            ;beendet Simulation
9030              TERMINATE
10000 DISPO VARIABLE            CH$LAGER+X$OFFEN    ;Disponibler Bestand
10010 BESTELLM VARIABLE         1000-V$DISPO        ;variable Bestellmenge
10020 HALB  VARIABLE            X$PARA1/2           ;Faesserzahl halbieren
10030 REST  VARIABLE            X$PARA1@2           ;bei ungerader Faesserzahl
                                                   ;Abrundung ausgleichen
10040 NACHFRA FUNCTION          RN1 C3             ;taegl. Nachfrage nach
                                                   ;Faessern

0,50/0.5,100/1,150
```

Anhang 7

Bestell2.gps

```
10              GENERATE    ,,,1                ;Initialisierung und Uhr
20              SAVEVALUE   TAGE 1000
30              SAVEVALUE   COUNTDOWN X$TAGE ;sicherstellen, dass fuer
                                                ;letzten Tag
                                                ;komplett die Simulation
                                                ;durch laeuft
40              ENTER       LAGER 1000          ;Lager fuellen
50              ADVANCE     X$TAGE
60              GATE LS     TAGENDE             ;sicherstellen, dass fuer
                                                ;letzten Tag
                                                ;komplett die Simulation
                                                ;durchlaeuft
70              TERMINATE   1
1000            GENERATE    1                   ;1 Transaktion fuer 1 Tag
1010            ASSIGN      1 FN$NACHFRA        ;Nachfrage bestimmen
1020            TEST GE     S$LAGER P1 WENIG ;genug auf Lager?
1030            LEAVE       LAGER P1            ;kleine Faesser von vorne
1040            TRANSFER    ,WEITER
1100 WENIG      ASSIGN      1- S$LAGER          ;zu wenig auf Lager
1110            LEAVE       LAGER S$LAGER       ;Lager komplett leeren
1120            SAVEVALUE   FEHL+ P1            ;Fehlmengenzaehler
2000 WEITER     TEST LE     V$DISPO 510 ENDE1 ;Bestellung noetig?
2010            ASSIGN      2 V$BESTELLM        ;variable Bestellmenge
                                                ;berechnen
2020            SAVEVALUE   OFFEN+ P2           ;Zahl offener Bestellungen
                                                ;erhoehen  .
2030            SAVEVALUE   COUNTDOWN- 1        ;Tag beendet
2040            ADVANCE     5                   ;5 Tage Lieferzeit  ·
2050            ENTER       LAGER P2            ;"P2" Faesser ins Lager
2060            SAVEVALUE   OFFEN- P2           ;offene Bestellungen
                                                ;vermindern
2070            TRANSFER    ,ENDE2
2080 ENDE1      SAVEVALUE   COUNTDOWN- 1        ;Tag beendet
2090 ENDE2      TERMINATE
9000            GENERATE    ,,,1                ;sicherstellen, dass fuer
                                                ;letzten Tag
                                                ;komplett die Simulation
```

```
                                                   ;durchlaeuft
9010          TEST LE       X$COUNTDOWN 0
9020          LOGIC S       TAGENDE                ;beendet Simulation
9030          TERMINATE
10000 LAGER STORAGE         2000                   ;Lagergroesse festlegen
10010 DISPO VARIABLE        S$LAGER+X$OFFEN        ;Disponibler Bestand
10020 BESTELLM VARIABLE     1000-V$DISPO           ;variable Bestellmenge
10030 NACHFRA FUNCTION      RN1 C3                 ;taegl. Nachfrage nach
                                                   ;Faessern

0,50/0.5,100/1,150
```

Anhang 8

Bestellsystem1.mdl

```
BASIC COMPONENT Bestellsystem              #Version mit Fassgroessen


MOBILE SUBCOMPONENT OF CLASS Fass          #Faesser sind mobile Komponenten


DECLARATION OF ELEMENTS
  CONSTANT
    MAXCOUNT(INTEGER) := 1000              #Anzahl Tage bis Programmende


  STATE VARIABLES
  DISCRETE
    Bestellung(INTEGER):= 0,               #Zaehler fuer Anz. Bestellungen
    Fehlmenge (INTEGER):= 0,               #Zaehler fuer gesamte Fehlmenge
    FGroesseOb(INTEGER):= 0,               #Aufzeichnung der jeweils
                                           #aktuellen
                                           #Fassgroesse zur Ueberpruefung
                                           #der
                                           #korrekten Lieferung von 20-
                                           #und 30-
                                           #Liter-Faessern
    index     (INTEGER):= 0,               #Zaehler fuer Fassgenerierung
                                           #zum
                                           #Programmbeginn
    index2    (INTEGER):= 999,             #Zaehler fuer Fassgenerierung
    #fuer offene Bestellungen. Vorbelegung auf 999, da sonst zu
    #Simulationsbeginn eine offene Bestellung von 1000 Faessern
    #generiert wuerde
    SNachfra  (INTEGER):= 0,               #Ablegen der zufaelligen
                                           #Nachfrage, da
                                           #diese mehrmals benoetigt wird
    Takt      (INTEGER):= 0,               #Bei Aenderung dieser Variable
                                           #wird der
                                           #Disponible Bestand
                                           #aufgezeichnet
    Takt2     (INTEGER):= 0,               #Bei Aenderung dieser Variable
                                           #wird die
                 #Groesse eines ausgelagerten Fasses aufgezeichnet
    TNachfrage(REAL)    := 0               #Tageweises Vorwaertsschalten
```

```
DEPENDENT VARIABLES
DISCRETE
   Dispo      (INTEGER):= 0,          #Disponibler Bestand
   SNachHalb  (REAL)   := 0,          #Halbe Nachfrage
   SNachRest  (INTEGER):= 0           #Rest bei ungerader Nachfrage


RANDOM VARIABLES
   #Nachfrage gleichverteilt zwischen 50 und 150 Faessern pro Tag
   Nachfra(INTEGER) : IUNIFORM (LowLimit := 50, UpLimit := 150),
   #Fassgroesse gleichverteilt 10*2=20 oder 10*3=30 Liter
   Groesse(INTEGER) : IUNIFORM (LowLimit := 2, UpLimit := 3)


TRANSITION INDICATORS
   FassErzeugen,   #Indikator fuer Generierung der ersten 1000 Faesser
   FassErzeugen2   #Indikator fuer Generierung von "Dispo" Faessern


LOCATIONS
   Lager  (Fass ORDERED BY INC FGroesse)  := 0 Fass,#Fasslager
                                                     #geordnet nach
                                                     #Groesse
   Sink   (Fass)                          := 0 Fass,#Senke fuer
                                                     #ausgelagerte
                                                     #Faesser
   Offen  (Fass)                          := 0 Fass #Abstellplatz fuer
                                                     #Faesser,
                                                     #die noch nicht
                                                     #geliefert
                                                     #wurden
                                                         .


DYNAMIC BEHAVIOUR
   #Initialisierung des Lagers mit 1000 Faessern
   WHENEVER index < 999 DO                #So lange der Index nicht bei
                                          #999 ange-
      SIGNAL FassErzeugen;                #kommen ist, wird jeweils ein
                                          #weiteres
   END                                    #Fass generiert.
   ON FassErzeugen DO
      index^      := index + 1;           #Fuer jedes Fass den Index
                                          #erhoehen
```

```
   Lager^        :  ADD 1 NEW Fass      #Generierung eines Fasses
   CHANGING
      FGroesse^ := 10 * Groesse;        #Fuer jedes einzelne Fass wird
   END                                  #die Groesse zufaellig bestimmt
END


#Generierung von Faessern auf dem Abstellplatz fuer offene
#Bestellungen
WHENEVER index2 < 999 DO               #Die Arbeitsweise ist im Grunde
                                       #gleich
   SIGNAL FassErzeugen2;               #der fuer die Initialisierung
                                       #mit 1000
END                                    #Faessern. Lediglich ist der
                                       #Ort der
ON FassErzeugen2 DO                    #Generierung anders, und die
                                       #Faesser
   index2^        := index2 + 1;       #bekommen eine Zeitmarke fuer
                                       #den Zeit-
   Offen^        :  ADD 1 NEW Fass     #punkt der Auslieferung
   CHANGING
      FGroesse^   := 10 * Groesse;
      FTimestamp^ := T + 5;
   END
END


#Taegliche Nachfrage generieren
WHENEVER T >= TNachfrage DO             #Ausloesung 1x taeglich
   TNachfrage^ := T + 1;               #am naechsten Tag wieder
   Takt^        := Takt + 1;
   SNachfra^    := Nachfra;            #Speicherung des Zufallswerts
                                       #zur mehr-
   IF (NUMBER(Lager) >= SNachfra) DO   #maligen Verwertung
      #Halbe Nachfrage kleine Faesser vom Anfang der Location
      Lager^ : TO Sink SEND Fass{ALL Ind | Ind <= SNachHalb};
      #Die zweite Haelfte der nachfrage besteht aus grossen Faessern
      #vom Ende der Location
      Lager^ : TO Sink SEND Fass{ALL Ind | Ind > (NUMBER(Lager) -
SNachHalb)};
         IF (SNachRest > 0) DO
            #Ein zusaetzliches Fass aus der Mitte der Locationwird
            #nachgefragt,
```

```
            #falls die Nachfrage ungerade ist
            Lager^ : TO Sink SEND Fass{ALL Ind | Ind = (NUMBER(Lager) -
SNachHalb)}};
     END
  END
  ELSE DO
     #Bei zu geringer Menge an gelagerten Faessern wird das Lager
     #geleert und die Fehlmenge entsprechend erhoeht
     Fehlmenge^ := Fehlmenge + (SNachfra - NUMBER(Lager));
     Lager^    : TO Sink SEND Fass{ALL};
  END
END


ON ^Dispo <= 510 AND T > 1^ DO      #Ausloesung einer Bestellung
                                    #bei Dispo-
   index2^   := Dispo;              #niblem Bestand hoechstens 510
   Bestellung^ := Bestellung + 1;   #nach Beginn der Simulation
END


#Auslieferung der Faesser, deren Lieferdatum erreicht ist
WHENEVER (NUMBER(Offen)>0) AND (T >= Offen:Fass[1].FTimestamp) DO
   Offen^ : TO Lager SEND Fass[1];
END


#Vernichtung der nachgefragten Faesser zur Speicherplatzfreigabe und
#Aufzeichnung der Fassgroesse zur Verifizierung der Korrektheit der
#Simulation
WHENEVER NUMBER(Sink) >= 1 AND Takt2 = 0 DO
   Takt2^ := Takt2 + 1;
   Sink^ : REMOVE Fass[1];
   FGroesseOb^ := Sink:Fass[1].FGroesse;
END


WHENEVER NUMBER(Sink) >= 1 AND Takt2 > 0 DO    #Hier wird die
                                               #Variable zur
   Takt2^ := 0;                                #Ueberwachung der
                                               #Fassgroesse
   FGroesseOb^ := 0;                           #nach jedem Fass auf
END                                            #0 gesetzt, da der
                                               #Observer
                                               #gleichbleibende
```

```
                                           #Werte nicht
                                           #aufzeichnet


#Programmende nach MAXCOUNT Faessern
ON ^T >= MAXCOUNT^ DO
  SIGNAL STOP;
END


Dispo    := NUMBER (Lager) + NUMBER (Offen);   #Disponibler Bestand
                                           #= Zahl der
                                           #Faesser im Lager +
                                           #Zahl der bestellten
                                           #Faesser
SNachHalb:= SNachfra / 2;                   #Berechnung der
                                           #halben Nach-
SNachRest:= IMOD (SNachfra,2);              #frage und des Rests
                                           #fuer den
                                           #Fall, dass das
                                           #Ergebnis
                                           #ungerade ist


END OF Bestellsystem
```

Fass.mdl:

```
MOBILE COMPONENT Fass              #Unveraenderte Definition der
DECLARATION OF ELEMENTS            #Mobilen Komponente Fass.
  STATE VARIABLES
  DISCRETE
    FTimestamp(REAL)   := 0,       #Liefertermin der Bestellung
    FGroesse(INTEGER) := 10        #Liter
END OF Fass
```

Anhang 9

Bestellsystem2.mdl

```
BASIC COMPONENT Bestellsystem2              #Version ohne Fassgroessen


DECLARATION OF ELEMENTS
  CONSTANT
    MAXCOUNT(INTEGER) := 1000               #Anzahl Tage bis Programmende


  STATE VARIABLES
  DISCRETE
    Bestellung(INTEGER):= 0,                #Zaehler fuer Anz. Bestellungen
    Fehlmenge (REAL)   := 0,                #Zaehler fuer gesamte Fehlmenge
    Lager     (REAL)   := 1000,             #Fasslager, mit 100 Faessern
                                            #vorbelegt
    ARRAY [5] [2] Offen (REAL):= 10000,#max. 5 offene Bestellungen
                                            #moeglich,
                                            #jew. Feld 1 = Datum der
                                            #Anlieferung,
                                            #Feld 2 = bestellte Stueckzahl
    SNachfra  (INTEGER):= 0,                #Ablegen der Zufallszahl, falls
                                            #mehrmals benoetigt
    Takt      (INTEGER):= 0,                #Synchronisation Nachfrage-
                                            #Bestellung
    TNachfrage(REAL)   := 0                 #Tageweises Vorwaertsschalten



  DEPENDENT VARIABLES
  DISCRETE
    Dispo     (REAL):= 0,                   #Disponibler Bestand
    Bestellm  (REAL):= 0                    #Bestellmenge


  RANDOM VARIABLE
    #Nachfrage gleichverteiltzwischen 50 und 150 Faesser pro Tag
    Nachfra(INTEGER) : IUNIFORM (LowLimit := 50, UpLimit := 150)


DYNAMIC BEHAVIOUR
  ON START DO
    Offen[1] [2]^ := 0;                     #Y-Koordinate auf 0 setzen,
```

```
Offen[2]  [2]^ := 0;              #damit für die Bestellung
                                  #festgestellt
Offen[3]  [2]^ := 0;              #werden kann, welche der
                                  #Variablen des
Offen[4]  [2]^ := 0;              #Arrays zur Aufnahme offener
                                  #Bestellungen leer sind
Offen[5]  [2]^ := 0;
END


#taegliche Nachfrage generieren
WHENEVER T >= TNachfrage AND Takt = 0 DO        #Ausloesung 1x
                                                #taeglich
  TNachfrage^ := T + 1;                         #am naechsten Tag
                                                #wieder
  Takt^      := Takt + 1;                       #Koordination mit
                                                #Bestellungen
  SNachfra^  := Nachfra;
  IF Lager >= SNachfra DO              #wenn genug Faesser auf
    Lager^     := Lager - SNachfra;   #Lager, dann Lager um
                                       #Bestellung mindern
END
ELSE DO                               #wenn nicht genuegend Faesser
   Fehlmenge^:= Fehlmenge + (SNachfra - Lager);#Fehlmenge erhoehen
   Lager^    := 0;                     #Lager raeumen
END
END


WHENEVER T >= TNachfrage AND Takt >= 1 DO     #Koordination zwischen
  Takt^        := 0;                          #Nachfrage und Bestellungen
END                                        .


#Wenn Disponibler Bestand max. 510 Faesser, dann wird Bestellung
#ausgeloest
WHENEVER Takt >= 1 AND Dispo <= 510 DO
  Bestellung^ := Bestellung + 1;    #Zaehler erhoehen
  IF Offen [1] [2] = 0 DO           #Ablegen der Bestellung in
                                    #Offen[1]
    Offen[1] [2]^ := Bestellm;      #bestellte Stueckzahl
    Offen[1] [1]^ := T + 5;         #5 Tage Lieferzeit
  END
  ELSIF Offen [2] [2] = 0 DO        #Wenn Offen[1] belegt, dann
```

```
                                         #Ablegen der
    Offen[2] [2]^ := Bestellm;           #Bestellung in Offen[2]
    Offen[2] [1]^ := T + 5;
END
ELSIF Offen [3] [2] = 0 DO               #Ablegen in Offen[3]
    Offen[3] [2]^ := Bestellm;
    Offen[3] [1]^ := T + 5;
END
ELSIF Offen [4] [2] = 0 DO               #und so weiter
    Offen[4] [2]^ := Bestellm;
    Offen[4] [1]^ := T + 5;
END
ELSIF Offen [5] [2] = 0 DO
    Offen[5] [2]^ := Bestellm;
    Offen[5] [1]^ := T + 5;
END
ELSE DO                                  #Wenn 5 Speicher nicht reichen,
    SIGNAL STOP;                         #dannSimulation anhalten
END
END


#Abtesten, ob eine Lieferung faellig ist
WHENEVER (T >= Offen[1] [1]) AND Takt >= 1 DO  #Test von Offen[1]
    Offen[1] [1]^   := 10000; #muss groesser sein als maximale
                             #Simulationsdauer, da dies die
                             #Auslieferung anstoesst
    Offen[1] [2]^   := 0;     #muss 0 sein fuer Test, ob
                             #Speicherplatz leer
    Lager^          := Lager + Offen[1] [2];     #Bestellte Menge
                                                #ins Lager
END
WHENEVER (T >= Offen[2] [1]) AND Takt >= 1 DO  #Test von Offen[2]
    Offen[2] [1]^   := 10000;
    Offen[2] [2]^   := 0;
    Lager^          := Lager + Offen[2] [2];     #Offen[2][2] ist noch
    #gefuellt wegen der Taktfortschaltung in Simplex III
END
WHENEVER (T >= Offen[3] [1]) AND Takt >= 1 DO  #Test von Offen[3]
    Offen[3] [1]^   := 10000;
    Offen[3] [2]^   := 0;
    Lager^          := Lager + Offen[3] [2];
```

```
END
WHENEVER (T >= Offen[4] [1]) AND Takt >= 1 DO  #Test von Offen[4]
   Offen[4] [1]^   := 10000;
   Offen[4] [2]^   := 0;
   Lager^          := Lager + Offen[4] [2];
END
WHENEVER (T >= Offen[5] [1]) AND Takt >= 1 DO  #Test von Offen[5]
   Offen[5] [1]^   := 10000;
   Offen[5] [2]^   := 0;
   Lager^          := Lager + Offen[5] [2];
END

#Programmende nach MAXCOUNT Tagen
ON ^T >= MAXCOUNT^ DO
   SIGNAL STOP;
END

#Berechnung des Disponiblen Bestandes
Dispo    := Lager + Offen[1] [2] + Offen[2] [2] + Offen[3] [2]
+ Offen[4] [2] + Offen[5] [2];
#Berechnung der Bestellmenge bis zum maximalen Sollbestand
Bestellm := 1000 - Dispo;

END OF Bestellsystem2
```

Anhang 10

Modell Brauerei:

In einer Brauerei werden Bierfässer angeliefert, die an einer Pumpstation wieder aufgefüllt werden. Die Zwischenankunftszeit der Fässer beträgt 14 Sekunden. (Exponentialverteilung mit Untergrenze 0,45 s und Obergrenze 70 s). Die Fässer können die folgende Größe haben: 20, 30, 40, 50 oder 60 Liter. Alle Größen kommen gleich häufig vor. Die Pumpstation kann jeweils ein Faß bedienen. Fässer, die ankommen, während die Pumpe belegt ist, bilden eine Warteschlange. Der Abfüllvorgang wird genauer modelliert. Die Füllgeschwindigkeit *Rate* hängt vom Füllstand des Fasses ab. Die Füllgeschwindigkeit beginnt mit einer Anfangsgeschwindigkeit 1,0 Liter/s und erhöht sich dann proportional zum Füllstand des Fasses solange, bis die Höchstgeschwindigkeit erreicht ist. Wenn das Faß gefüllt ist, wird der Füllvorgang sofort unterbrochen.

Anfangsgeschwindigkeit: Rate = 1,0 Liter/s

Arbeitsgeschwindigkeit: Rate = (0,2 * Füllstand + 1,0) Liter/s

Höchstgeschwindigkeit: Rate = 6,0 Liter/s

Nach der Pumpstation gelangen die Fässer in die Prüfstation. Die Bearbeitungszeit ist hier exponentiell verteilt mit einem Mittelwert von 12 Sekunden (Untergrenze 0,40 s, Obergrenze 60 s). Die Fässer vor der Prüfstation werden nach einer besonderen Strategie bearbeitet. Zunächst gilt FIFO. Ist ein Faß fertig, so wird geprüft, ob sich in der Warteschlange noch ein Faß gleicher Größe befindet. Ist das der Fall, wird dieses Faß vorgezogen.

Die folgenden Aufgaben sollen mit Hilfe der Simulation gelöst werden:
- Wie groß ist die mittlere Warteschlangenlänge?
- Wie groß ist die mittlere Wartezeit in der Warteschlange?
- Wie groß ist die mittlere Verweilzeit (Verweilzeit = Wartezeit + Bedienzeit) ?

Alle Größen sollen sowohl für die Pumpstation wie auch für die Prüfstation bestimmt werden. Es sollen insgesamt 50000 Transaktionen beobachtet werden. Für die Mittelwerte sind die dazugehörigen Konfidenzintervalle anzugeben. Außerdem soll der Füllstand der Fässer *Fuellstand* und die Füllgeschwindigkeit *Rate* von T = 0 bis T = 20 dargestellt werden.

Anhang 11

2. Aufgabe: Simulation eines Kannbestellpunktverfahrens mit GPSS/PC

(Beginnen Sie die Bearbeitung auf einem neuen Bogen Papier!)

In einem Handelsbetrieb soll ein computergestütztes Entscheidungsunterstützungssystem für die Bestelldisposition implementiert werden. Bisher wurden alle Artikel unabhängig voneinander disponiert (Bestellpunktverfahren). Jetzt soll ein Kann-Bestellpunkt-Verfahren mit variabler Bestellmenge eingerichtet werden.

Im Vorfeld sollen durch Simulation vertiefte Kenntnisse des grundsätzlichen Systemverhaltens gewonnen werden. Dazu werden zunächst beispielhaft ein A- und ein B-Artikel ausgewählt, die von demselben Lieferanten bezogen werden. Diesen werden ein LagerA (Kapazität = 2000 St.) und ein LagerB (Kapazität = 500 St.) zugewiesen.

Mittels eines analytischen Modells wurden folgende Werte bereits vorab bestimmt:

	A	B
Mußbestellpunkt	680	180
Kannbestellpunkt	820	230
Maximaler Sollbest.	1000	250
Mittlere Tages-nachfrage	100	25
Modifier der Tages-nachfrage	25	5

Die gesamte Tagesnachfrage je Artikel wird jeden Morgen an das jeweilige Lager übermittelt. Die Nachfrage ist gleichverteilt mit den oben genannten Mittelwerten und Modifiern. Solange Ware im Lager vorhanden ist, wird sie direkt abgebucht. Nachfragemengen, die nicht sofort bedient werden können, gehen grundsätzlich nicht verloren. Fehlmengen werden deshalb in zwei virtuelle Fehlmengenlager (FehlA und FehlB) gebucht, die die gleiche Kapazität wie LagerA bzw. LagerB haben. Es wird täglich geprüft, ob der Disponible Bestand bereits unter den jeweiligen Mußbestellpunkt geraten ist. Ist dies der Fall, so wird eine Sammelbestellung ausgelöst. Hat der jeweils andere Artikel seinen Kannbestellpunkt unterschritten, so wird er mitbestellt. Dabei wird der Disponible Bestand bis zum Maximalen Sollbestand aufgefüllt und die offenen Bestellungen je Artikel werden um die Tagesbestellung erhöht. Nach genau 10 Tagen Lieferzeit trifft eine getätigte Tagesbestellung ein. Nun werden gegebenenfalls aus der Lieferung die Fehlmengen bedient und aus dem virtuellen Fehlmengenlager ausgebucht. Die resultierende

Restmenge wird in das jeweilige Lager eingebucht, und die offenen Bestellungen werden entsprechend reduziert.

Aufgabenstellung:

- Modellieren Sie das beschriebene System mit Hilfe von GPSS-Standard-Blocksymbolen!
- Verwenden Sie hierbei (soweit möglich) die im Text hervorgehobenen Kurzbenennungen!
- Simulieren Sie 10 Jahre, um die stochastischen Schwankungen auszugleichen.
- Der Output des Simulationsmodells soll insbesondere zu folgenden Fragestellungen Informationen liefern:

⇒ mittlerer Lagerbestand

⇒ mittlerer Fehlmengenbestand

⇒ mittlere Gesamtanzahl der Bestellungen (Mantelbestellungen)

⇒ mittlere Zahl der Bestellungen je Artikel (Zeilenbestellungen)

Lösunghilfen:

- Zeiteinheit = 1 Tag, 250 Tage pro Jahr
- Anfangsbestände: Gehen Sie davon aus, daß die beiden Lager zu Simulationsbeginn mit jeweils 10 mittleren Tagesbedarfen aufgefüllt sind.
- Vereinfachung: Es genügt, die (etwas verschachtelte) Simulationslogik nach Eintreffen einer Lieferung (Bedienung eventuell vorhandener Fehlmengen, Erhöhung des Lagerbestandes) allein für Artikel A darzustellen.

Viel Erfolg!

Literaturverzeichnis

Bleymüller, Josef, Gehlert, Günther, Gülicher, Herbert (Statistik, 1998), Statistik für Wirtschaftswissenschaftler, 11. Aufl., München 1998

Chisman, James A. (Introduction, 1992), Introduction to simulation modeling using GPSS/PC, Englewood Cliffs 1992

Coad, Peter, Yourdon, Edward (Analysis, 1991), Object-Oriented Analysis, Englewood Cliffs 1991

Giesecke, Stefan (Wettbewerbsfähigkeit, 1997), Die Bedeutung der Objektorientierung für die Wettbewerbsfähigkeit von Unternehmen, Würzburg 1997

Hoover, Stewart V., Perry, Ronald F. (Simulation, 1989), Simulation: A problem-solving approach, Reading u.s.w. 1989

Koether, Reinhard (Technische Logistik, 1993), Technische Logistik, München u.s.w. 1993

Minuteman Software (GPSS/PC, 1986), GPSS/PC: general purpose simulation, Reference Manual, Stow 1986

Noche, Bernd, Wenzel, Sigrid (Marktspiegel, 1991), Marktspiegel Simulationstechnik in Produktion und Logistik, Köln 1991

Reger, Karin (Konfigurierbarkeit, 1996), Konzeption und Realisierung der Konfigurierbarkeit universeller Simulationssysteme, Erlangen u.s.w. 1996

Schmidt, Bernd (Simplex II, 1995), Benutzerhandbuch Simplex II, Erlangen u.s.w. 1995

Schmidt, Bernd (Modellspezifikation, 1996), Die objektorientierte Modellspezifikation, in: SiP - Simulation in Passau Heft 1 1996, S. 4 - 17

Schulte, Christof (Logistik, 1995), Logistik, 2. Auflage, München, 1995

Siegert, Hans-Jürgen (Simulation, 1991), Simulation zeitdiskreter Systeme, München u.s.w., 1991

Steinhausen, Detlef (Simulationstechniken, 1994), Simulationstechniken, München u.s.w., 1994

Verein Deutscher Ingenieure (Simulationstechnik, 1983), Anwendung der Simulationstechnik zur Materialflußplanung, Berlin u.s.w., 1983

Wittmann, J. (Simulationsexperimente, 1993), Eine Benutzerschnittstelle für die Durchführung von Simulationsexperimenten - Entwurf und Implementierung der Experimentierumgebung für das Simulationssystem SIMPLEX II, Erlangen u.s.w. 1993

Wloka, J., Spieckermann, S. (Warenumschlag, 1998) Warenumschlag, in: Simulation in Produktion und Logistik, hrsg. v. A. Kuhn u. M. Rabe, Berlin u.s.w. 1998, S. 11 - 34

Zeigler, B. P. (Modelling, 1985), Theory of Modelling and Simulation, Malabar 1985

Diplomarbeiten Agentur

Die Diplomarbeiten Agentur vermarktet seit 1996 erfolgreich
Wirtschaftsstudien, Diplomarbeiten, Magisterarbeiten, Dissertationen
und andere Studienabschlußarbeiten aller Fachbereiche und Hochschulen.

Seriosität, Professionalität und Exklusivität prägen unsere Leistungen:

- Kostenlose Aufnahme der Arbeiten in unser Lieferprogramm
- Faire Beteiligung an den Verkaufserlösen
- Autorinnen und Autoren können den Verkaufspreis selber festlegen
- Effizientes Marketing über viele Distributionskanäle
- Präsenz im Internet unter **http://www.diplom.de**
- Umfangreiches Angebot von mehreren tausend Arbeiten
- Großer Bekanntheitsgrad durch Fernsehen, Hörfunk und Printmedien

Setzen Sie sich mit uns in Verbindung:

***Diplomarbeiten* Agentur**
Dipl. Kfm. Dipl. Hdl. Björn Bedey –
Dipl. Wi.-Ing. Martin Haschke ——
und Guido Meyer GbR ————

Hermannstal 119 k ————
22119 Hamburg ————

Fon: 040 / 655 99 20 ————
Fax: 040 / 655 99 222 ————

agentur@diplom.de ————
www.diplom.de ————

Diplomarbeiten Agentur

www.diplom.de

- **Online-Katalog**
  mit mehreren tausend Studien

- **Online-Suchmaschine**
  für die individuelle Recherche

- **Online-Inhaltsangaben**
  zu jeder Studie kostenlos einsehbar

- **Online-Bestellfunktion**
  damit keine Zeit verloren geht

**Wissensquellen
gewinnbringend nutzen.**

**Wettbewerbsvorteile
kostengünstig verschaffen.**